長日清風

李長科與李素清的寬廣人生

證嚴法師眼中的李長科與李素清

二〇一七年八月九日，
證嚴法師談及美國加州橙縣的環保老夫妻——
年近九十的李長科、李素清，
天天做回收、力行環保，數十年如一日。
「夫妻倆雖然年紀大，還是牽手做環保，照顧大地也救助苦難，
用心落實、推動慈濟志業，很令人感動！」

李長科

法號思嵩，1977年認識慈濟，1992年在大兒子永松的律師事務所，成立了慈濟美國科斯塔梅薩聯絡處（已與爾灣聯絡處合併爲橙縣聯絡處），推動慈濟會務，接引當地民眾參與。

李素清

法號靜琲，2003～2005年擔任美國橙縣聯絡處負責人；只要沒出遠門，每天都和先生「環島一小時」在巴布亞島海邊散步，一路撿拾瓶瓶罐罐。

吾愛吾家

1957年，十歲長子永松陪李素清遠渡重洋去巴西找父親。

1949年，結婚後拍照留念，十八歲的李長科隨即離開故鄉求發展。

1960年，分離十年，相聚後生下二子永立。

1969年，李素清和五子永達、四子永定。

1962年，在巴西開設中華料理課程，教授日本婦女。

1962年，在巴西自營四海飯店開幕。

1975年，於加州迪士奈樂園，以前是她追他跑，現在是她帶著他跑。

四海飯店前合影。

1975年，長子永松、
二子永立、三子永基、
四子永定、五子永達，
攝於永松的律師樓。

1988年於馬來西亞。

1990年，李素清
六十歲慶生，與
長子永松合影。

1999年，三代合影。

長孫女結婚拍攝
全家福，永松沒
能看到他的大女
兒長大結婚，是
一遺憾。

和小兒子永達攝於李長科與美國影星約翰韋恩合照前。

2005年，與媳婦和孫子女合影。

2017年，於巴布亞島上自家餐館松園前合影。（攝影／陳麗琍）

1987年，認養六名中國大陸貧困學童，李素清旁的男孩李於現已任軍官。兩老閱讀收養孩童的感恩信。

1989年，捐贈兩部救護車給江蘇揚州鑑真醫院。

1999年，捐贈洗腎機予揚州第四人民醫院。

1999年，提供救急金予第四人民醫院設置「慈濟基金點」，協助貧病患者。

1999年，捐贈揚州運河邊山上兩座水塔，嘉惠附近村民五千餘人。

2001年，為中國大陸燒傷病童募款。

2002年，捐贈老人院桌椅。

2000年3月，捐贈救護車給揚州醫院。隨身攜帶上人照片，彷彿上人陪伴同行。

2007年，捐贈助學金給學童。

2016年，與中國大陸揚州聯絡處志工合影。

1992年，慈濟美國科斯塔梅薩聯絡處成立，與志工們合影。

1993年7月，慈濟美國爾灣聯絡處成立。德宣師父、德旻師父等本會關懷團蒞臨指導。

科斯塔梅薩聯絡處
舉辦慈濟茶會。

1994年，爾灣
聯絡處舉辦歡喜
來讀書——南加
州贈書活動。

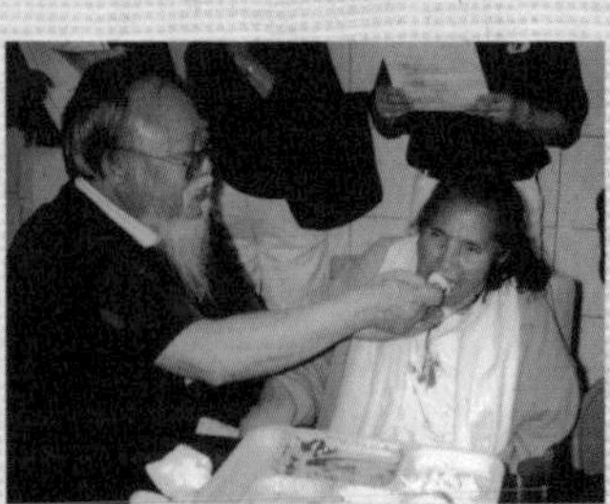

1994年，至墨西哥的特蕾莎修女收容所，李長科為一位肢體不便的女
士餵食。

慈濟每月關懷聖塔安那市社區老人院，已近三十年；1994年，李長科跳舞並演唱〈何日君再來〉，逗得老人笑開懷。

1996年，臺灣慈濟教聯會來訪。

1996年，歲末發放，李長科扮成聖誕老人發禮物。

接待為慈濟獻唱的歌手殷正洋與倪賓。

1998年1月，爾灣慈濟人文學校成立，前往共襄盛舉。

1999年2月，參與多明尼加國際賑災與黃思賢合影、表演手語。

1999年8月，為土耳其地震募款。

1999年9月，為臺灣九二一地震募款。

1999年10月，慈濟芝加哥克里夫蘭聯絡處為臺灣九二一地震募款。

1999年，參訪心靈故鄉靜思精舍。

2000年，與時任大林慈濟醫院院長林俊龍等好友在花蓮相聚。

2001年，為美國紐約九一一恐怖攻擊事件募款。

2002年，慈濟橙縣聯絡處九周年慶。

2003年，橙縣聯絡處將購置會所，上人請德晉、德宸師父等人前往指導。

2003年，李素清與合唱團志工們合影。

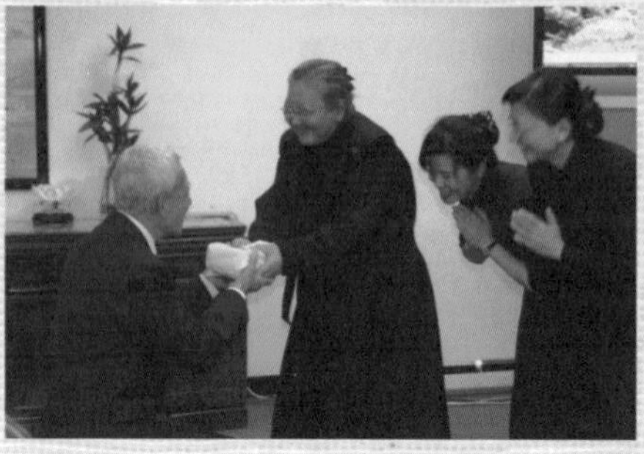

2005年，橙縣聯絡處新、舊任負責人交接典禮，一起切蛋糕。

2009年，法親們為李長科和李素清慶祝結婚六十周年。

2009年2月，在高怡蘋（右）、陳美羿（中）協助編輯下，生平故事首次成書。

贈送八百條毛毯予甘肅山區貧困人家。

2009年3月，關懷內華達州拉斯維加斯盲人中心後合影。

2009年6月，爾灣人文學校結業典禮。（攝影／羅怡娟）

2011年6月，頒發獎狀予爾灣人文學校優秀學生。

2012年1月，加州聖塔安那市「校園愛心背包」發放。（攝影／羅怡娟）

2013年2月，爾灣人文學校舉辦新春活動，發送福慧紅包給學童。（攝影／黃友彬）

2016年1月，橙縣聯絡處舉辦歲末祝福。（攝影／蘇慧情）

2016年2月，爾灣人文學校新春活動。（攝影／林敬翔）

參加慈濟活動。

2016年5月，橙縣聯絡處舉辦浴佛。（攝影／何憶萍）

2017年1月，橙縣聯絡處歲末祝福。（攝影／黃友彬）

2017年5月，橙縣志工發送蔬果，幫助貧窮學童溫飽。

2017年5月，李素清被提名為南加州的菩提媽媽。（攝影／顏國興）

2017年11月，參與橙縣義診。（攝影／林綺芬）

2017年10月，橙縣蔬果發放。（攝影／林志隆、何憶萍）

與時任美國副總統丹・奎爾合影。

1995年，與著名國學大師葉曼合影。

2004年8月，與證嚴上人、黃思賢合影。

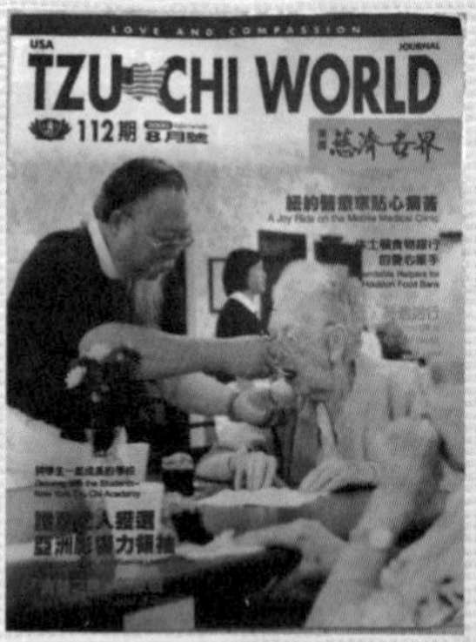

登上美國《慈濟世界》封面人物。

◎母親節
另一種獻花

B1
LOCAL NEWS
地方新聞

陽光大理石
NATURAL STONE
909-595-9988
626-308-0802

撿瓶罐變現 李長科夫婦資助六童

住新港灘好區 把後院當資源回收區 獲兒子們資助到處幫人 每年捐款15萬元

李一生傳奇 兒創辦Wahoo's Fish Taco

美國當地報紙報導夫婦二人行善事蹟。

接受 Newport Beach Community表揚好人好事獎。

2014年10月，有感自己年歲已大，特地安排回花蓮本會見上人。

接受採訪話當年，兩老回憶紛陳，不禁淚水盈眶。（攝影／盧君立）

2014年12月，慈濟法親為其慶祝結婚六十五周年，家人齊聚一堂。

2016年9月（右圖）、2017年2月，參加橙縣讀書會後做環保。（攝影／林綺芬）

夫婦倆於巴布亞島上撿拾瓶瓶罐罐做環保，愛的腳步永不停歇。（攝影／盧君立、陳麗琍）

輯一

輯六

【附錄】

自序

無價寶留子孫

李素清

老天留給我的歲月還剩下多少？或許掐指可數。爬滿皺紋的雙手，爲我留下了什麼？我了然於胸。人生什麼才是圓滿？這眞是見仁見智。我慶幸一生儘管經歷過種種波折，終究有一個圓滿的結局。

每個人在人生的海洋裏，都要面對無數未知的風暴。我和長科的人生彷彿是航行在大海中的一葉小舟，顛簸多舛——年輕時，夫妻別離天南地北；力壯時，艱苦奮鬥受欺侮；老年時，痛失愛兒，白髮人送黑髮人……

我和長科在人生的征途上一一過關，只有靠著堅忍無比的毅力、眞誠熱愛生命的信心和一直在支撐著我們的宗教信仰。

現在我們已子孫滿堂，當訴說著過去的片段時，他們會張著嘴、瞪大了眼問：「這是眞的嗎？」他們無法了解上一代中國人苦難的歷史，不懂我們爲何要遵從父母之命、媒妁之言的婚約，也不了解女人的「三從四德」是中國的古訓，更無法體會日子會苦到必須遠渡重洋去求生。

我們的經歷對新一代的人來說，像是一個遙遠而古老的傳說。

很多人鼓勵我和長科把畢生經歷寫下來，無論是淚痕還是傷疤，都是眞眞實實的紀錄，留給後代子孫可以回顧的蹤跡。比起財富，把「德」留給子孫，才是最珍貴、最有智慧的資產。

如果我們有什麼可留給後代子孫，我希望把身體力行的處世哲學與他們分享：一是誠敬，二是忍讓，三是待人寬容厚道，四是毅力與勇氣。

長科十五歲在上海學廚藝，三年學徒生活，扎實上了一所社會大學。人與人之間的爭權奪利、計較打壓、欺善怕惡……種種人心的險惡，長科看在眼裏，放在心裏，時時自我警惕，多做事，少說話，以誠敬態度待人，避免惹上是非。

後來，他偷渡到日本，老闆爲了試驗他的忠誠，看他貪不貪心，故意把裝了巨款的牛皮紙袋掉在廚房讓他撿；長科不因爲沒人看到就占爲己有，反而原封不動地交還給老闆。他的誠實可靠，贏得眾人對他的信任和敬重。

我和長科近七十年的婚姻，也是以「誠敬」維繫著。婚後跟長科分離的時期，不知夫婿身在何方，我一個女人帶著一個稚子，還要照顧李家三十幾口人，生活艱苦，曾有醫院院長幫她兒子向我提親，但我一口拒絕，下定決心絕不再嫁。而長科也曾有再娶的機會，但他正直的道義感和對妻子的忠誠，抗拒了這些誘惑。

我常勸年輕人若要維持家庭溫馨，夫妻千萬別在孩子面前吵架，也別拿孩子出氣。有些父母爲了爭取子女的同情，常對子女講對方的壞話，久而久之，孩子對長輩不再尊敬，甚至討厭、排斥，結果造成對家庭的嚴重傷害。

父母應該讓孩子在充滿幸福、有安全感的環境中長大。所以說，夫妻必須同心，以誠相待，互敬互信，感情才會堅固，家和才能萬事興。

忍一時，風平浪靜；退一步，海闊天空。長科的個性比較急躁，好打不平，年輕時曾加入洪幫，常常爲了爭一口氣，跟人大打出手。我從小禮佛，心平氣和，不與人爭，表面上看來軟弱，其實我深深懂得「以柔制剛」。所謂「小不忍則亂大謀」，我盡量做到在任何時候、任何地方，都以大局、遠景著想，把私人的情感、愛憎置之度外。

在巴西的十幾年，要做生意又要帶孩子，白天黑夜地幹活，從早到晚地忙，常常一天睡不到四、五個小時，我亦毫無怨言地撐下來了。遇到幾次地痞流氓來找麻煩，我總勸導長科不要和壞人正面衝突，以和爲貴；被人騙了錢亦不要與人爭，寧願自己吃虧，當作是前世欠他們的；錢，生不帶來死不帶去，再想辦法重新出發就是。

佛陀不是教我們要去「貪」、除去「執著」嗎？我覺得可以透過「忍讓」，練習縮小自己、看淡一切，慢慢達到無我的境界。

有句話說「寬以待人，嚴以律己」，但一般人多是「責人以嚴，待己以寬」；我和長科遵從長輩的教誨，時時以「寬容、厚道」態度對人。長科的父親常教誨他：「做人要厚道，多做事不怕吃虧，厚道後到，福德就會到。」向人借的一定要還，受恩必報，禮尚往來；別人需要幫忙時，更隨時伸出援手。長科爲人豪爽、講義氣，常常爲朋友、同鄉兩肋插刀，結果他在困難時，也得到朋友的扶助。

長科一直記得的一位恩人，是揚州同鄉佘得科先生，當初長科能進上海「三和大酒樓」學廚，就是他介紹的。日後長科在巴西開飯店做了老闆，仍很關心佘先生，知道他的獨子戰死在臺灣，爲了不讓老人家傷心，暗中以他兒子的名義寫信、匯錢供他生活，最後老人家往生了，還是長科買了一副棺木爲他送終。

我對工人們就像對待自己的子女一樣，關懷他們的生活，幫助他們度過難關，他們如果做錯事，我會善意相勸，而不是叱責侮辱。所以，在我飯店做事的員工沒有一個離開，幾個年齡較小的，還會喊我媽媽，感情好眞、好深。

不經一番寒徹骨，焉得梅花撲鼻香？長科一生做生意屢次失敗，被人騙錢無數，走投無路亦不知經歷過幾回了，甚至被關進監牢，生死茫茫；我生長在富裕家庭，從小未曾勞動，嫁到夫家後，家務、農作沒一樣少做，和長科新婚就分別十年不見，我帶著孩子離鄉翻過大半個地球尋夫，前途茫茫。

儘管一生遭遇如此艱險，但我和長科始終憑著堅定的毅力和無畏的勇氣，排除萬難，一步一步地埋頭苦幹，一分一毫地積存資本，成就今日的新天地。

長科常常奉勸年輕人做事不要猶豫不決，既然是對的事情，就要拿出勇氣，有魄力地去做。很多人常常等機會、等良辰，其實時間永遠不會停留，每一分每一秒都在不停地溜走，我們的師父證嚴上人說：「做就對了！」應該要把握當下、做該做的事。

有很多人問我和長科，爲何不在家享清福，而要參加慈濟、做環保、回家鄉修廟、修路、蓋學校、幫助建設醫院、打深水井……到底是爲誰辛苦、爲誰忙？

其實這四十年來，我們愈做愈起勁，愈做愈歡喜。我們年輕時受過別人太多的恩惠，我們不但不會忘記回報恩人，還要把多餘的財力回饋社會。接觸慈濟之後，更能體會人生的意義不在於占有或擁有，而在於付出與感恩，當懂得感恩、回饋的人多了，世間一定充滿祥和福氣。

回首來時路，感恩菩薩時時刻刻伴我左右，指點我迷失的心靈，走向正確的道路，又給我依賴和依靠，讓我在茫茫的旅途中，不失信心，雖千辛萬苦，終能找到希望。祝福人人都能得到幸福，人生的路愈走愈寬闊，心中充滿喜樂和光明。感恩！

推薦序

我們總是在一起

李永立

想要敘述父母親的人生，如何相互扶持一步步地走過來，許許多多是遠超過言詞所能形容的範疇。

按照一般說法，我們家庭算是相當圓滿的。已經往生的大哥永松，是一位很出名的律師，受到父母親的影響，幫助過許多需要幫助的人。

我曾被聘任爲加州大學聖地牙哥分校（UCSD）的醫學教授，也曾在上海的新加坡國際醫療集團擔任首席醫療長，目前回到美國聖地牙哥的夏普里斯・斯泰利醫療集團（Sharp Rees-Stealy Medical Group）擔任主治醫師。

三個弟弟則在加州的餐飲業，創立了獨特的快餐飲食品牌「歡福」而成名。

如許多成功故事的背後，都有父母親的影子，然而眞正的成功，是無法用事業或社會頭銜、經濟狀況來衡量的，這些都可能在一瞬間消失，也就是父母親常常謹愼告誡我們的「無常」！

因此，我們必須回顧父母親的生活方式，以及他們所做出的抉擇。這些生活方式和抉擇，給予我們良善的成長環境、正確人生觀、勤儉持家及樂於助人的性格。

如果不是父母親性格中的艱忍不拔及諄諄善誘，引導我們走向正確的人生道路，今日這一切的一切都無從說起，此時此刻，也無法想像當年的父母親，如何從揚州貧苦的環境走出來？

現在，我們在中國大陸的家族成員，仍有許多是勤勞辛苦的農民及工人們，如果父母親當初仍然留在家鄉，我們這一代子女的眼界和經歷或許會有極大的不同。無論當年父母親是否曾刻意規畫，但我很肯定，正是爲了子女們的幸福與更好的未來，他們勇敢歷經了世界大戰、國家動亂，貧苦近十年的分離和流離失所，遠渡重洋，輾轉逃難數個地方以及不同的國家，仍緊緊地相扶相攜。

也許對一般人而言，一次的移民經歷已經足夠，而父母親並不滿足於現況，爲了尋求子女們未來更好的發展，移民了兩次，去到兩個風俗迥異而陌生的國度——巴西及美國，每一次移民都是另一個新的開始。

他們爲我們創造了一個可以自我進取、發揮潛能的環境。而我們至今尚不能完全知曉，父母親是如何不讓我們遭受到貧窮與痛苦；正是由於父母親的努力，我們從未度過一天困難的日子。

在中國傳統的婚姻習俗裏，兩個完全陌生的人是如何走在一起，並且一同歷經這些歲月的淬練？我的祖父母包辦了父母親的婚姻，事先未曾和他們商量與取得同意，他們在婚前不曾相識，好萊塢裏的浪漫情節也從未發生在他們身上，等待他們的是一個考驗奮鬥精神、不可知且支離破碎的世界！

在我成長的歲月裏，從未見過父母親月光下的深情相擁，也未見過他們在絢爛的星空下跳華爾滋，更沒有互訴浪漫情懷。小的時候我總是在想，爲什麼父母親那麼吝於表達他們的情感？在日積月累的觀察中，我終於明白，一個穩固的婚姻還存在著許多其他的因素。

我見證了父母親七十年婚姻中的六十年，從中學習到愛、奉獻與包容可以用很多方式來表現。我的父母親並不完美，他們的婚姻歷經許多苦難與磨合，但他們從未懷疑過他們的婚姻，這麼多年來，他們堅貞不渝、相互扶持，每一次的挫敗都是未來成功的助燃劑，也使得逆流中行駛的船很快歸於順流。

父母親對愛和奉獻的表達儘管不夠豐富，但無形的關愛始終都伴隨著我們，也許他們的表達既不浪漫也不感性，但確實是引導我們家庭不斷前行的力量。

從父母的人生旅程裏，我們繼承的是豐富又獨特的精神財富，感謝父母生長的中國、我們出生的巴西以及安家茁壯成長的美國。這個家庭也從輾轉的流動中，穩定下來茁壯成長。

我覺得有些遺憾的是，家庭裏大部分成員還沒有去過父母親生長的揚州，我們應該去回顧和感激父母親人生經歷的起點。在令人難以置信的人生旅途裏，感激他們用犧牲的精神，爲我們創造充滿生機的生活與未來！

推薦序

柔情似水豪情如天

楊淑禎

看著此書，不由得你不一口氣看完它！

一段段驚心動魄的真人真事，一篇篇蕩氣迴腸的俠骨柔情，緊貼著你的心、激盪你的眼！

李長科師兄、李素清師姊，這一對亂世奇人——

有著怎麼樣的家庭，讓他們這一生不停地累積善業，造福人群？

他們的心腸總是那麼地柔軟，到底是什麼力量支撐著他們？

為何隨時隨地都能想出奇妙的點子，還能把垃圾化為助人的黃金？

只要你們讀起此書，那刻骨銘心一節節的故事，訴說著他們跌宕起伏、逢凶化吉的驚險精采人生，自然而然激起你向上向善的良心！

西元一九九九年，我認識他們的時候，他們已經是家財萬貫，堆砌了一座座的福山，開墾了一片片的福田。

他們夫婦常常邀我到他們位於巴布亞島的家，一早上，邀我陪著他們走這個南加州旅遊必覽的勝地，約一個小時快走，就可以繞完的小島。李師姊牽著我的手放在她的懷邊，一路上細說著他們的人生奮鬥歷程。

一旁的李師兄好忙喔！小小的島二十來步就有一個垃圾桶，李師兄忙著掀開垃圾桶蓋，用手去翻尋被丟棄的鋁罐、寶特瓶，挖出來就放在地下一踩，踩扁了就拎在手上。

我很擔心地說：「李師兄，這樣子手會被割傷喲！」他輕鬆地回答：「不會！不會！我天天在撿，挺俐落的！」

李師姊即刻補充：「我們撿來這些瓶瓶罐罐，就去換成現金，積少成多寄回大陸去，可以幫助好多小孩子上學校。」一對勤儉的夫妻滿懷慈悲心，發自內在一丁點也不造作！

在他們家客廳入門旁，有一尊比人還高還胖的木雕彌勒佛像。李師姊對我說：「楊老師啊！我們在一九七二年買下松園餐廳後，就一路發起來了！那個時候，每天進帳美金一大疊一大疊，沒時間數鈔票，也沒時間存到銀行去，把錢就塞進彌勒佛的大肚子裏，不然就是隨手放在牆角、衣櫃子、桌底……到後來都忘了放在何處了。現在，常常在家裏到處會冒出錢來！這些錢，我們花在臺灣、大陸、美國、世界各地，固定每個月捐給慈濟功德會，也親身帶到大陸重修揚州觀音山禪寺，捐了洗腎透析機救助腎臟病患，挖井給那些烏腳病的家鄉同胞……哪裏需要幫助，我們立刻傾囊相助！」

二〇〇〇年，有幸陪著李師兄等一群慈濟人到大陸揚州，參觀四所小學及人民醫院，並捐助民生必需品給貧困鄉村。當時大陸還沒開發，看到小學的簡陋——教室小，兩桌並排的學生桌椅，排與排之間通道狹小，老師們教學時走來顛簸；學生運動的泥土操場灰塵漫飛；克難的教師休息室，一個老師一張小桌小椅……李師兄回美後立刻呈報慈濟功德會，而後慈濟在大陸的教育工程開始推展。

李師兄個性開朗，笑口常開，隨時喜愛表演，不論是在養老院，或是在學校，耶誕節一到，他穿著耶誕老公公的紅衣裳，與他的白長鬍子一搭，到處散播愛心歡笑！

我們大夥兒到了西湖，他一上掛著紅綵球的船舫，就隨著音樂起舞，唱起平劇〈韓信夜奔〉，帶動了周遭遊客歡欣鼓舞！下了船，他隨地打起拳來虎虎生風，亮起了一旁遊客們的激賞目光！

閱覽此書，李師兄的苦幹實幹、克勤克儉、厚道待人，畢恭畢敬、耐勞耐逼的學習——他自己內心明白的方向，不被外力所引誘，憨厚樸質地面對各項勞作，卻又機靈應變於種種苦難，練就了一身鋼筋鐵骨。環繞地球一周——大陸、香港、日本、巴西、臺灣、美國，苦盡甘來，在南加州開疆闢土，闖出了赫赫威名「松園」的一片天！

事業有所成而投入行善，看盡苦難，揉碾成豁達大度的胸襟，悲天下人之苦，布施所見所聞之痛。回首前塵，天清水長，滄海遼闊，誰人與共？唯有素清！

李師姊大家閨秀，雍容端莊，笑靨迎人，卓越睿智，宏觀遠見。機智敏捷地處理父女、夫妻、公婆、姑叔、母子、雇主員工的疑難雜症，柔心柔語寬厚處事，綜理災難於無形。

十年分離，萬里尋夫，忍辱負重，化危機爲轉機，輔佐長科步入坦途；堅貞不惑，引領李家跨出危難，樹立融洽和樂的家風，凝聚家庭同心協力的目標，教育五子各具長才；了解孩子、放手第二代，創出了李氏新風格的全美「歡福連鎖餐廳」。

聞此贊曰：

善心善骨天成佳偶李長科李素清

今生今世歷經了驚濤駭浪

慈愛慈念地悲憫受苦有情

悲懷悲力地布施救度眾生

喜歡喜悅地攜手同行善友

捨己捨財地共度生生世世

（本文作者爲美國爾灣慈濟人文學校第二屆校長）

輯一

浪跡天涯

到渡口的車沒開多遠就故障，一車子的人帶著行李徒步，走了兩個多小時才到渡口。過江時，木船超重，加上風雪天激起的大浪，差點傾覆。

雜貨鋪學徒，學的其實就是偷巧。做為農民，少使半分力氣，就可能少一分收成，勤懇地出力做事，是父母最早給我的深刻教導。雜貨鋪裏這些偷巧門道，我根本學不會……

拉糞娃上學識字

我的母親是童養媳。從有記憶起，母親擻抖抖地邊哭邊忙家事的瘦弱形象，就似一根心頭針，不時刺痛著我。

母親曹氏，家赤貧，八歲便被送去給人放牛、牧羊，報酬是每日一頓永遠也吃不飽的飯。如果牛、羊沒吃好，飯可能就換成一頓毒打。

十二歲那年，母親被送到揚州雙橋童家套李家——也就是我祖父母家做童養媳。那時的童家套，與解放前許許多多農村一樣，戰爭、盤剝，農民的日子異常難過。很不幸，祖父母家世代也都是租地過活的農民。

祖父母共生育七名子女，六男一女，父親李有仁是家中長子。在我印象裏，一輩子未與人爭吵，也從未開懷笑過，不愛說話，對子女說得最多的一句話是「多做事，少說話」。

身爲長子，父親對家庭有無可推脫的責任，於是用自己的忍讓和勤懇，把全家人維繫在一起。全家三十多口人，就靠種菜、賣菜過活。

那時的揚州市面，沒有臨近的鎮江市熱鬧。爲了讓自家的蔬菜能多賣幾個錢，父親需要把菜擔到幾十里外的鎮江市場去賣。

清晨三點摸黑起身，擔著近兩百斤的擔子，連走帶跑走上十幾里路，到江邊換上擺渡船，下船再跑上幾里路，才能到鎮江的市場。往往賣完菜回到家，天色已墨，睡不上幾個時辰，第二天的勞作又等著他了。

長年吃重的勞務加上營養不良，父親要比實際年齡蒼老許多，未及不惑之年，腰桿子就彎了。父親的肩膀是不能看的，老繭長好了又磨破，時間一長，肩頭就變成了一塊黑紫色的凸起。同樣不能看的，還有父親的雙腳，百餘斤的菜擔子，加上鄉間小路的坑窪泥濘，不論寒暑，都是草鞋加赤腳，腳上老繭龜裂交錯，很難分得清肉色。時隔數十年，我都老了，這些印象，還是那麼清清楚楚。

即便父親每日辛苦，家裏還是經常無法開伙。母親十七歲生下第一個孩子時，家裏連包裹孩子的衣服都沒有，母親只好用自己的圍裙包了一下。沒有坐月子，沒有營養補充，生產後的第二天，母親就被要求下床勞動。

祖父母並非心狠的人，但貧困家庭百事皆哀。人人出苦力，尚且生計窮困，讓一個勞力閒著，是不可想像的。寡言的父親爲了大家庭的和睦，也忘了對妻子的體恤。勢利的妯娌，欺負母親娘家無人，加上母親拙於辭令，不懂討好長輩，在家中全無地位，受盡排擠、嘲諷。

「童養媳的苦是眞的苦」，懂事後，我偶爾會聽母親提起；一開始提，母親每次都會抹眼淚，後來漸漸剩下「這就是命」的嘆息。哥哥們相繼出事後，母親的臉上更沒了表情，眼睛裏也是空空的。

母親生育了十五個孩子，從來沒有坐過一次月子。營養不良，加上根本沒有任何衛生醫療條件可言，十五個孩子有九個早早夭折。

我是一九三二年四月初三生的。出生時，上頭已經有三位哥哥和兩位姊姊。大哥很小的時候就被送到上海當學徒，沒多久被拐子拐走了，多年沒有音信。直到大哥十八歲，村裏的人在杭州意外碰到了，將消息帶回了上海堂叔家。堂叔讓人找到他時，大哥正在一個機場做學徒，回家也沒有更好的出路，便放棄了回家團聚，留在杭州。

沒多久，大哥就病了，寫信回來告訴父親。家裏人弄不明白到底是什麼病，加上路費不貲，父親沒能及時起身前去探望。再沒多久，竟收到因治療不當，大哥往生的消息。

失散多年，未及團聚，就白髮人送黑髮人，父母的悲痛可想而知。父親堅持一人到杭州接回大哥的遺體，讓他在家鄉安葬。

都說窮人的孩子早當家，放牛、放驢、撿乾草、拾糞，只要會走路，我們就要做這些事兒。我家是種菜的，肥料就是大糞，農村的不夠用，大部分需要用驢子，從揚州城裏拉回來。

大哥早年失散，二哥就是老大，早早就挑起了與父親一同養家的重擔。記事起，二哥就常帶著我一起進城拉糞。早上不吃飯出門，挨家挨戶倒糞，裝滿一驢車，才能回來。長輩偶爾會給我們足夠買一根油條的錢作為獎勵。父親告訴我們，收滿了糞才能花，二哥和我從未違背父親的叮囑。

從揚州城返回童家套，要經過三元橋，附近有個燒餅店，我們會在這裏一人買一根油條。家裏的驢子和我們一樣瘦小，我們不忍心獨食，一根油條，我們吃一半，驢子吃一半。

這是我們難得的享受，半根油條，不敢放開嘴吃，小心翼翼，抿著、吮著。兩個孩子，全身補丁衣褲，鞋子破破爛爛，拉著毛驢臭糞車，一前一後，與驢子一起吃油條的情景，怎麼看來都有些滑稽，但卻是我童年裏特別美好的記憶，現在想起來，彷彿還能回味起那油條的香味。

二哥走的那年才十三歲，是去鎮江賣菜途中出的事。那時候在長江擺渡是用木船，抗風性能差，人多擁擠。那日風大，船到江心，風浪一打，船晃得厲害，二哥擔著重擔，一個不穩沒扶住，掉下江去。

同船的渡客慌亂中，試著用長竹竿相救，不想一竿子下去，竟然打到二哥的頭。人是撈上來了，受驚著涼，加上頭受了重傷；當時時局紛亂，餬口活命已不容易，更何況就醫問診，無錢無門。沒多久，二哥便故去了。

後來，三哥也沒能留住，是掉到屋後的河裏淹死的。

兩、三年的光景，三位哥哥相繼離世，家裏愁雲慘霧，母親終日以淚洗面，雙眼漸漸看不清。眼淚流乾時，母親的表情也被沖刷走了，沒有怨恨、沒有悲傷，也沒有喜悅。母親沒有文化，她對生活的願望就是一家人好好的，沒料到這也成了奢望。

三位兄長相繼離世後，原本「萬事還有哥哥」的我，一下子從老四變成長男，連寡言的父親也變得對我格外關注。爲了讓我識字，將來不用像他一樣一輩子爲人做牛做馬，父親咬牙送我進了私塾。

家裏常常三餐不繼，學費三不五時交不上，我自己也好動，對塾裏老先生沒完沒了的誦讀，實在沒有興趣。斷斷續續上了五、六年，終究不成才，勉強混個識字。

在我十三歲那年，母親因爲瑣事與鄰居爭吵，本是農婦間的家常事，母親多說了幾句，話不太好聽。父親是凡事忍讓的人，一輩子沒與人爭吵過，母親與鄰居吵架，父親臉上掛不住，居然對母親動了手。

我是母親的大兒子，一心想要保護母親，心裏氣得直跳腳，可也不敢忤逆父親，愈想愈爲母親難過。三個哥哥已經不在了，我是她的依靠，我一定要爭口氣。可是留在家裏，除了種菜便無出路，我一定要出去找出路，爲母親爭口氣，讓誰也不敢欺負她。

經歷了三個孩子早早離世，加上兵荒馬亂，母親如驚弓之鳥，認定了孩子只要在眼前就安心；對我要離家闖蕩，第一個堅決反對。

不久後，上海的姑媽回鄉探親，父母提起了我的問題。姑媽倒是贊同我的想法，覺得應該出去闖一闖，並且答應父母，可以介紹我到上海的雜貨店做學徒。爲了保障路途安全，還讓表哥回家的時候，順道將我帶到上海。

有姑媽引路、上海有親戚，我又執意要去，母親拗不過我，只好勉強同意了。

鄉紳女慈憫佃農

一九三一年，我出生在揚州邗江汊河鄉。因爲是家裏第一個孩子，父親對我視若珍寶。後來，母親先後生下了一妹三弟，但對我的寵愛，依然是獨一無二。

父親李修禎，是家鄉小有名氣的鄉紳。祖宗福蔭，家中田地房宅豐饒。免除家計負擔，父親將心思都放在學問上。自小受儒家教育，《四書五經》成誦；對漸漸東來的西方文化也很嚮往。

年輕時，他一心想進新學堂，考大學，讀工程專業，闖蕩四方。但祖產和家業，給了他富裕舒適的生活，卻終究也將他絆住，沒了走出去的機會。

雖然父親沒能靠讀書做學問建功立業，但他始終認爲子女的教育非常重要。為讓族中子弟能夠接受教育，父親在家裏辦了私塾。那時，在中國廣袤的農村，「女子無才便是德」的觀念根深柢固，上學幾乎是男孩子的專利，父親卻破天荒地讓我讀書識字，還在家裏給我開闢了專用的書房。

六歲啓蒙時，別家女孩閒暇在家做針黹女紅，我則天天在書房裏寫字翻書。母親擔心將來我終究要嫁作人婦，連簡單的女紅都不會，會被夫家嫌棄，對父親的做法很不理解，「光會讀書，難道是要考狀元呀！以後嫁人，公婆趕出門，可不要怨人。」

父親全不理睬，畢竟他是一家之主，母親只好無奈旁觀。我本來就對女孩子的針線不感興趣，有了父親的庇護，我更加沈醉書海。直到出嫁，我連一件衣服也沒有洗過，更別說其他女紅家事了。

祖父母是虔誠的佛教徒，經年累月布施乞丐，救濟窮苦貧病。父親熟讀《易經》，對命理學頗有研究，深信因果，一貫仁慈，樂善好施。

我從小跟著家人燒香、拜佛，「慈悲為懷，行善積德」是家庭早早給我指引的人生宗旨。

因為讀書，我在家裏其他人眼中是個特殊的存在，父親對這分特殊滿心歡喜，我七、八歲時，父親就喜歡帶著我一同處理家中事務。

十歲那年冬天，父親帶我下鄉收租。回家的路上開始下雪，我看到同村與我一般大、放牛的小女孩，只穿著單薄的衣褲，頂著寒風，凍得全身哆嗦。我走過去把自己的棉襖脫下來，幫她穿上。

轉身時，父親將我攬入懷中，疼惜地怪我不該自己受凍，把棉襖送人。我回道：「父親常教育我要慈悲為懷，我的棉襖多得穿不完，給她一件，裏頭還是暖暖的。那女孩家裏可能連下鍋的米都沒有，肯定是家裏沒有棉襖，才在這樣的天裏穿得那麼少出門，我幫助她，有什麼不對？」父親被我的正經模樣震住，但隨即摸摸我的頭，讚許我：「清兒長大了。」

十歲出頭，父親見我做事有條不紊，便開始讓我獨自處理收租事務。十一歲那年秋天，我和工人一同下鄉代父親收租。那年天時不佳，農田歉收得厲害。下鄉一路，很多佃農都抱怨這種收成是交不上田租的，要不然就沒法活了。還不時有人訴苦，老婆死了沒錢下葬；孩子生病，沒錢就醫。

下鄉途中，我也留心觀察，發現大部分農戶一天吃不上一餐飯，飽受饑饉之苦。我怎麼也不忍心逼著吃不飽飯的農戶，再爲田租愁苦，於是便一遍遍在交不出租子的農戶租約上寫了「租子交清」的字樣，並蓋上父親的印章，交還給他們。

農戶們感激流涕，直呼我是「菩薩」。其實我的心裏七上八下，在農戶眼中，我是能主導他們生計的大小姐，可是我畢竟是個孩子，憑著性子把租子免了，還是怕大人責罰，便自作聰明叫長工將裝了糧袋的騾車大張旗鼓地從前門進家門，自己悄悄拿著一堆空袋子從後門閃回家。

差了幾百斤米，我的小伎倆不可能不被家人發現。母親十分惱怒，租子少了不說，我一個女孩子家，小小年紀，竟然已經瞞著父母獨斷專行了。

我與母親爭辯，逼著沒有能力的佃農交租，與爹爹平日教導我的「仁義」相悖，再說家中也並不會因爲少收了這一點租子而過不下去，卻可以救很多農戶於水火，爲什麼不可以？

父親聽完不但沒有責罵，反而誇讚我：「有膽識，有判斷力，要是個男孩，定能獨當一面。」李家將後繼有人，無需他操心了。

我知道父親不反對我的做法，是因爲他有顆仁厚的心，也能同理貧苦人的境遇。《左傳》孟嘗君門下的食客馮驩，替他收租時將佃農的欠條燒掉，爲他「買義」。當時我大膽在租約上寫「租子交清」，只是一股發自內心的悲憫，單純而堅定，並無任何權謀或居心。

十四歲之前，我是泡在蜜罐裏長大的。十四歲那年，我的人生遭遇了第一個大劫，先是出痧子，後來不知什麼原因，眼睛漸漸看不見。父母帶著我遍訪揚州、南京的中西名醫，均束手無策。

整整兩年，我只能待在家中，過著暗無天日的日子。雖然父母百般疼愛，但「是不是就此要在黑暗中度過下半輩子？」這個問題幾乎要將原本自信倔強的我擊垮。

記得是清明節的傍晚，我在屋裏呆坐，聽到門外有乞丐要飯的聲音。眼睛好時，給乞丐布施這種事情，我總是搶著做。如今眼睛看不見了，就只能乾著急，一直要母親多拿些飯菜出來。

來的是個乞丐婆婆，見我目不能視，便問母親，看來不像天生的盲，怎麼不請醫師治？母親告訴她已經不知看過多少醫師、用了多少方子，就是不見好轉。

乞丐婆婆猶豫了一下，對母親說，她有個祕方，但就怕我們不相信、不敢試。我在旁邊聽到了，連聲說道：「只要能治好我的眼睛，什麼我都敢做。」乞丐婆婆告訴母親，家裏朝北的後門牆上有個蟲窩，裏面有小蟲，抓七隻給我吃下，我的眼睛就會好。

母親記下祕方時說，如果能治好我的眼睛，乞丐婆婆就不要討飯了，到我家來住，到我家裏做工，父親還要了乞丐婆婆的地址。

可生吞小蟲治眼疾，沒人聽過這樣的方子，眞的抓來了小蟲，母親愛女心切，不敢讓我試。「萬一眼睛沒好，還中毒怎麼辦？」父親倒是淡然，慢悠悠地說：「讓素清試試吧！就看她的造化了。」我深受不能目視的苦，心裏早已打定主意，無論如何也要一搏。不待父母做決定，便一口氣吞下了七隻小蟲。

當夜，家裏人見我並無異樣，便放心了一半。說來也奇怪，第二天一早起來，我便感覺眼前有了一些許久不見的光亮，不眞切，但亮了；第三天、第四天，隱約就能看到桌上的碗筷了；一個星期過後，居然就能看見眞切的人貌了。

父親照著問來的地址派人去尋乞丐婆婆，卻只找到一座破廟，沒有了婆婆的身影。此後多次尋找，終是不得見。

剛復明的幾天裏，我興奮得不肯閉上眼睛，不肯睡覺。深怕光明又再次消失。每天醒來，又緊張得不敢立刻睜開眼睛，深恐又是一片漆黑。這種患得患失的感覺，一直持續了三、四年，才漸漸消失。

在現代人的觀念裏，這分際遇簡直是天方夜譚，不可思議，但是，卻千眞萬確地發生在我身上，絕非虛構。

生命在苦難波折中才突顯得出它的珍貴，失而復得的雙眸，讓我更懂得珍惜無聲無息消逝的每一天。我一直相信，觀世音菩薩千處祈求千處現，祂不一定身穿白衣、手持淨瓶；而是當你最脆弱、最需要幫助的時刻，那個及時出現，給予扶助、指引迷津，爲你加持信心的人就是觀世音菩薩。

十三歲離家謀生

十三歲那年，農曆春節後不久，我第一次離家。那天天色陰冷灰暗，還飄著雪花。隨身包袱裏有母親給我準備的兩套換洗衣服。身上穿著補丁的薄襖子，棉絮少得可憐，已經洗到變硬，根本擋不住風雪，矮小的我凍得直打顫。母親更是不捨，一路捧著我的手，哈氣為我取暖，可她又何嘗不是衣裳破舊，雙手冰冷。

從家到車站的路上，父親依舊沈默。上公車前，母親已泣不成聲，父親似乎也有些不捨，連著叮囑我：「做人要厚道，做事要勤快，不要怕吃虧，好心會有好報……」

到渡口的車沒開多遠就故障，一車子的人帶著行李徒步，走了兩個多小時才到渡口。過江時，木船超重，加上風雪天激起的大浪，差點傾覆。船上人嚇得半死，終於到達鎮江，但去上海的最後一班火車已經趕不上。

怕錯過火車，我和表哥不敢走遠，便在火車站附近的小酒館打地鋪。休息兩、三個小時，就趕緊起來排隊買票。

時局動盪不明，上海因租借的關係，成了很多人的避禍天堂，開往上海的火車，總是人滿爲患。火車來了，月臺更加擁擠，哭喊聲不絕，有人爬窗戶、爬車頂。我擠不上去，也爬不了高，心裏急得不得了，還好表哥上車後打開鄰近的窗子，和朋友合力把我從窗子拖進去。

從鎮江到上海的七、八個小時路程，完全動彈不得，到上海已是深夜。從火車站到表哥家，要穿過英法租界。上海晚上很亂，晚上在租界外待著，可能有性命之憂，翻越租界又可能被軍警抓住；權衡左右，表哥還是決定翻過了租界圍牆，在租界裏尋僻靜處露宿一晚。

第二天，我就被帶到說定的雜貨鋪做學徒。所謂學徒，其實就是打雜的。老闆一開始不但不會認眞教你；能不能留下來，也是老闆或師傅一句話。

雜貨鋪學徒，學的其實就是偷巧。有人來打油，油勺子下去要快，倒出來要慢。下慢了就滿了，倒快了客人覺得少。賣米也一樣，就是要變著法子，不著痕跡地給客人愈少愈好。這和從小父母耳提面命那套完全相反。

做爲農民，少使半分力氣，就可能少一分收成，勤懇地出力做事，是父母最早給我的深刻教導。雜貨鋪裏這些偷巧門道，我根本學不會。老闆認爲我不夠機靈，讓我改到晚上守店。

打仗的日子，搶盜時有發生，晚上守店，門板上開個小窗，客人就在小窗口買賣。時局不好，常常聽到搶盜事件的傳聞，我每天晚上提心吊膽，再加上雜貨鋪需要的「偷巧」，我實在學不來，便請求姑媽幫我換一份差事。

去的第二個地方，是個銅匠鋪，學配鑰匙、做門。老闆娘看我年小老實，把倒尿桶、帶孩子的差事也派給我。每天早上，在老闆和老闆娘起床前，我要從街角的自來水龍頭處取水，一桶一桶提上他們住的四樓，然後倒尿桶。老闆家的孩子六、七個月大，一哭鬧起來，老闆娘便往我背上一掛。

最頭疼的是做飯，店裏每天十多個人的飯菜，一、兩個時辰得做好。離家前，家裏這些洗衣做飯的家務事兒，都是母親或者姊姊們做，我從未做過，一點都不會。想想母親早年帶著孩子，每天還要做一家二、三十個人的飯菜，便十分心酸。

硬著頭皮呆了三個月，雖然整天做牛做馬，還是經常挨打受罵。更讓我心煩的是，當初說服父母來上海是要學手藝的，店裏伙計欺負我年紀小，不讓我學一點技藝，白白耽誤光景。不能待下去，一打定主意，我當夜就收拾了包袱，離開了銅匠鋪。

一時找不到活兒，姑媽家也不寬裕，不能白吃住下去，我雖心不甘，也只好先回揚州。就這樣，我第一次闖上海，不到八個月就泡湯了。

回到揚州，我心裏有些不痛快。家裏希望我繼續讀書，但我不願給家裏增加負擔，堅持幫父母做農事。半年後，有人來家裏說親，對方父母是賣菜的，還上門來看過我，那天母親特意叫我穿上了乾淨的衣服。

我的第一樁親事，就這麼定下來。懵懵懂懂中，我並不覺得有多大關係，心裏一直想著要出去學點東西。訂了親，父母覺得我的確該爲將來打算，便同意我第二次到上海。

第一次到上海時，吃過汽車拋錨的虧，覺得修車很有用，便找到車廠工作一個多月，整個廠屬我最瘦最小，師傅們嫌我力氣太小，便把我辭了。

後來，親友介紹我去了天津幫。天津幫是做南北貨通路的店，頗具規模，臺灣的白糖、紫菜，北方的棗子，南方的大米，通過上海轉運各地。

我個子又瘦又小，沒有經驗，被派跑腿，送單子、拿樣品。拿樣品就是拿一根特製簽子，戳進麻袋裏，抽出來，帶回鋪子給師傅看。熟練的把式，抽出來之前，都會轉一下，多帶出來一些孝敬師傅，我不懂，師傅覺得我太老實，不到三個月，又把我辭了。

此時，堂哥家傳來消息，雲南路上的三和大酒樓需要學徒，本想讓堂哥李長雲去，碰巧他那時候有個營收不錯的工作，六叔便想到我。他問我願不願吃苦，能吃苦就能去。吃苦，我是不怕的，再苦還能比父母種地苦？便讓六叔帶著去了。

三和大酒樓靠近當時上海最熱鬧的娛樂場所，是上海名流經常出入之處。說是到廚房學做菜，到了之後才知道，小小廚房也不簡單，伙計、學徒，都要攀上點關係，一清二白的學徒，有來了幾年，連鍋邊都沒沾過的。我能進來，沒有背景也沒有靠山，怎麼待下去就是個問題。

當時在上海，「揚州廚子」是響噹噹的名號。年紀雖小，我隱約覺得，只要能把做菜的本事學到手，應該是個出路。暗地裏便下了幾分狠心，天塌下來，也要先留下來。在大師傅身邊，總有機會學到。

師傅派給我的第一件工作，是讓我在大師兄手下拉風箱，這是酒樓最吃力的工作。一日兩餐忙碌時間，要在火爐旁站幾個小時。天熱時烤得人發昏；天冷倒是暖和，可是一日下來拉上幾個小時，兩臂痠得端不起碗、拿不起筷。

拉風箱不是隨便就會拉得好的，風箱的兩邊有兩個洞，廚房師傅炒菜需要大火時，必須及時打開洞口，用力地拉，這樣火才會猛，菜才會香。菜快炒好時，又要及時關閉洞口，否則菜會燒焦。

我的大師兄不太喜歡我，並不教我拉風箱的規矩。第一個星期全不得法，只會使死力氣，大師傅的勺子就從頭上敲下來。父親教我凡事要忍，即使挨打，我從不跟師傅頂撞。做不好就怪自己，挨了打就用心改，沒幾天就熟練了。

廚房裏人人都可以指使我，大家不願意做的事都派給我。每晚打烊後，我得先把酒樓二樓的桌子一一併攏，再從四樓把二十多人的被褥鋪蓋搬下來鋪好，這是大家晚上休息的地方。第二天一早，在大家起床前，我必須準備好早點；大家吃早飯時，我就把被褥、桌子歸位，再回來吃大家剩下的，把碗筷收拾乾淨。

每日午休時，我得將師傅們的圍裙都洗乾淨。廚房裏只有六個正式師傅和兩個大徒弟能上灶臺做菜，其他都是學徒或幫工。按理我只需幫八位師傅洗圍裙，但大家都把圍裙扔給我，一下子就變成了二十幾條。

當時肥皂是奢侈品，油膩膩的圍裙只能用鹼水浸、熱水泡，然後用大刷子搓刷。因爲經常泡鹼水，我的手終年脫皮得厲害。此外，我也磨刀，一個廚房大大小小幾十把刀，磨一次十個指頭爛一次。就這樣，我洗了三年多的圍裙、磨了三年的刀。

委屈時，我會想想母親。母親空洞的面容，就像鞭子般提醒我不能放棄。我相信咬牙挺住，總有出頭之日。應了父親那句「厚道後到」，因爲我做事從不挑肥揀瘦，對師傅們也始終畢恭畢敬，師傅們漸漸地對我很信任，一高興就會教我幾招。日積月累，學徒裏，我居然成了少數能搭把手的。

三和大酒樓常常有青幫的人出入。每天早上八點半，黃金榮和杜月笙固定帶人來吃早餐。黃金榮的跟班中，有個大哥叫李魁壽，是揚州人，他見我是老鄉，做事有精神，提議我跟他學功夫。我心想自己個子瘦小，若能學點武術防身，少受點欺負，便答應了。

李師傅要求徒弟們每日凌晨三點就要到法國花園練功，練足兩個時辰，風雨不斷。我堅持了三年，以武功而論，算是勉強入了門，但這三年身體硬朗不少，這在我日後顛沛半個地球的歲月中，成了最重要的保障，入門級的武功，也數次助我走脫危難。

有緣千里來相會

十歲那年，我得了重病，母親去揚州觀音山求菩薩，病好之後，母親深信這是菩薩護佑，每年都要帶著我去觀音山還願。在三和酒樓當學徒後，回家的次數屈指可數，而回揚州觀音山還願，便成了我固定回家的日子。

離家第二年，聽說我回家還願，訂了親的女方家長約我吃飯。那是我們第一次見面，女孩說給我做了一雙鞋，試了之後，她說：「你的腳太肥，這鞋子太小不合適。」她拿了鞋轉身就走，沒多久就聽說這位女孩往生了。

一九四九年初，我還在三和酒樓當學徒。有一天，家裏來了信，說已給我訂了親，過幾天新娘就會到。我很意外，之前家裏沒提過這件事，也不像第一次那樣有人上門相看。親戚們告訴我，其實是看過的，原來那個説找錯人的老鄉，就是我後來的岳父。

那是個秋天午後，酒樓剛忙過，正是廚房伙計開飯的時間。我拿了個大海碗，裝了一碗飯，挖了一勺青菜豆腐，看門的大爺説有人找我。我應聲走出來，飯碗也沒放下。一看是個四、五十歲的長者，開口就問我爸爸叫什麼名字。聽口音是揚州人，我便也覺得親切，他一邊上下打量我，一邊説，不對不對，找錯人了，説完便走了。

婚後，岳父説起對我的第一印象——身體壯實，圓臉高額，眼神清明，和氣誠懇，沒有癩痢頭，是個好青年。岳父跑到上海看我一眼，原來是聽説我們家人有癩痢頭，他要看看我有沒有。

富千金嫁窮學徒

十六歲那年，父親認爲我已到女大當婚的年紀，媒人來引線，介紹了鄰村張家的男孩。張家十分殷實，與我家門當戶對。下聘前一個星期，父親決定去鄰村走一趟，結果一回來便宣布要退親。

原來，他在村裏聽到鄰居盡說張家財多不義，待村鄰十分刻薄。父親認爲，這樣的人家可能讓我生活無憂，但必然不會善待我，自己的寶貝女兒，絕對不能嫁給這樣的人家。

隔年，母親娘家有個富商來提親，父親暗中派人調查男方的家風，結果對方是靠放高利貸致富的，當然這次提親也沒有結果。

父親堅持要爲我找一戶家世清白、積善有德的人家。

一九四八年春天，我十八歲，父親的表姊夫到家裏做客，跟父親提起，雙橋的李有仁家有個兒子，做事勤快，待人熱情有禮，在上海的餐廳當學徒，不像一般鄉下孩子一樣拘謹，說不定與我相配。

父親問了一句：「有沒有瘌痢頭？」他託人打聽了幾回，帶回來的消息都說李家家境清寒，李有仁夫婦倒是忠厚老實，對兄弟妯娌、左鄰右舍都很忍讓照顧，長子李長科也讀過幾年私塾，心裏就有了底。

中秋節過後，父親不動聲色走了一趟上海。第二天，就請媒人去李家說親，並讓媒人帶話，聘禮無須貴重。

那年年底，共產黨攻下了華北，揚州城裏到處都是流竄的逃兵散卒，父親怕夜長夢多，想著上海畢竟是大都市，租界也多，倒不如將我送到上海，儘早完婚比較安全。

戰戰兢兢過了年，父親與我夫家商量後，便催我啓程赴滬。一九四九年二月，親家的表姊和堂妹陪著我到長科的堂哥家，去見那即將成為我「夫」的人。

姻緣天定結連理

那天接到口信，說我的新娘子到了，午休一下廚，我就奔到堂哥家去。從三和酒樓到堂哥家，正常走路要一個小時，爲了省下電車錢，我就跑步。

氣喘吁吁跑到門口，我遲疑了。看看自己襯衫手肘處都磨光了；個子長高，褲子卻短到小腿上；不知何時，腳趾頭已經鑽出了破布鞋。從家信中，我大致已經知道，新娘子可是鄉紳千金，我這樣子怎麼見人？

不管了，總要打個招呼，我給自己壯膽，正要走進去，堂嫂看到我，一句：「長科要做新郎倌了，有沒有什麼東西帶給未來媳婦？」我只覺得耳根滾燙，訥訥地一句話也答不上來。

定了神，我還是大膽打量一下，和表姊、堂妹打了招呼，素清低著頭不看我。我只好偷偷打量幾回，她額前的劉海在頭頂扎了個歪辮，順著下來，就是兩條黑亮的粗辮子，穿著陰丹士林藍布旗袍，十分端莊，我心裏很歡喜，只是不知道如何開口打破僵局。

眼看午休時間快到了，我一轉念，姊妹和素清都是新到上海，就請他們去看戲吧！「明天請堂嫂和姊妹們去看戲，我們飯店靠著戲院，隨時都可以買到票。」說完，我不等回覆就轉身出來。

第二天，太原坊演的是揚州戲，人特別多，我給大家買了前排的票。等我在廚房忙完，匆匆趕去，戲已開演，堂嫂們已經在前排坐定，我走不過去，只好坐在後排；戲沒演完，我要趕回去上工，這天還是沒能看清楚素清的臉。

三天過後，我又請大家看戲。這次學聰明了，買了兩張後排的票，其他是前排的。堂嫂們心領神會，留素清一個人在後排。我完工後過來，坐在素清的旁邊。第一次，我們彼此看清對方的樣貌。我身上依然是舊衣舊褲破鞋，但是洗乾淨了，也理了髮，素清還是一襲素色旗袍，看起來很和善。第一次面對面，雖然有戲院的嘈雜做背景，但還是緊張得手心出汗，素清也沒有説話，兩個人一聲不響坐到散場。

幾天後，素清聽從長輩的安排，從堂哥家搬到六叔家。於是，去六叔家報到成了我每天的例行公事。

六叔家住在小南門的箴竹街，從三和酒樓前往可以搭公車，坐一次兩分錢，但我還是用跑的。每天省下的車錢，都給了十六鋪一個要飯的婆婆。那段時間，我每天跑得樂陶陶，酒樓師傅説我一定是吃了人蔘。

兩個人相處，大部分時候都靜靜地走路，靜靜地坐著。後來因爲拍了一張照片，我們才打開話匣子。

那天，我們路經八仙橋，正好看到一個照相館。我問素清可不可以一起拍個照，素清輕輕點頭答應了。

走進照相館，照相師傅指揮了半天，我全身都不對勁，倒是素清比我倆落大方。這是我們第一張合影，也是年輕時爲數不多的一張。後來我離開中國，去香港、巴西、美國，始終帶在身邊，翻印了幾次，至今還保存著。

拍完照，我送素清回六叔家，路上我們的話開始多了起來。我覺得素清說什麼都比我有道理，心裏佩服又歡喜。從六叔家離開前，素清告訴我要多讀書，可以跟她一起讀書。後來，讀書也成了我們交流的通道，當然，大部分都是她教我。

無論忙到多晚，我都會跑到六叔家看一下素清，再跑回酒樓休息。有一天太晚下班，我跑過去一看，燈已熄，大家都睡了。知道素清住在閣樓，我就拿竹竿敲打閣樓窗戶，結果素清沒醒，卻把六叔吵醒了。

事後，素清告訴我不能這樣。她說話總是慢條斯理，我這暴脾氣碰到她，也著不起火來，她說什麼，我就是願意聽。

素清到上海八個月後，家裏來信催促我們在上海辦婚禮。父母擔心素清讀過書，家裏條件又好，怕她到了揚州、看到我們家一窮二白，也許就不肯嫁給我了。

我每個月賺的錢，除了每星期去一次澡堂，每月理一次頭髮，已所剩無幾，要在上海辦婚禮，也不體面。我們只偶爾去看一場戲，吃一碗陽春麵，或者搭電車去外灘看一看風景。但父母之命不可違，我和素清在親友幫助下，在上海辦了婚禮。

一九四九年農曆十月二十六日（公曆一九四九年十二月十五日），我們的婚禮在六叔家舉行。雙方父母都不在場，親友只有六個人，五姑媽主婚，四姑媽、六叔、六嬸，加上素清的姑父、姑母。

我向同事借了一套灰色夾袍、一頂深藍色禮帽和一雙黑皮鞋；素清穿著從揚州帶來的碎花織錦旗袍，頭髮在後腦杓挽了個髮髻，別了幾朵小碎紙花。婚禮一切從簡，向祖先牌位磕了頭，新郎新娘相互鞠躬，禮成。素清，就這樣嫁給我這個窮學徒。

時局動盪謀出路

一九四九年十月，中國共產黨在北京宣布建立中華人民共和國，那是我們結婚前兩個月。

當時的上海在解放前是國民黨各路大老徘徊之地，加上租界林立，共產黨執政後，每個舊勢力都很惶恐。上海的洋行和工廠，關的關、停的停；上海的企業家和銀行家走的走、逃的逃。三和大酒樓的生意一落千丈，長科的收入也幾近於零。

我和長科的結婚儀式雖然簡單，但兩顆心卻是眞摯而熱忱的。我們這一代的人，不懂什麼是愛情，只有一分對禮教的尊重、對人的情義、對婚姻的責任；之後才產生對先生、家庭、子女的愛。而這種愛，卻是那麼的堅持，那麼的執著而絕對。

時機不好，物價飛漲，生活不易，我和長科的新婚生活勉強湊合著過。新房就在六叔家屋頂的小閣樓，床由三塊板合併，下面墊一條舊棉被，上面加一條蓋的薄棉被。

婚後一週，六嬸開始要我們支付房租和家用。我們還沒有積蓄，根本付不出來，雖有六叔暗地接濟，終究還是杯水車薪。新婚生活可說是捉襟見肘。

活了十幾年，我連衣服都未曾自己洗過，不意會有這樣的委屈。我一遍又一遍地告訴自己，不能在人前表露、不能抱怨，每天更勤快地幫六嬸做家事。

一個多月後，長科的堂哥李長雲因爲無工可做，打算回老家揚州。在上海生活太難，長科覺得我還沒有見過公婆，正好可以跟堂哥回揚州看看，等到時局穩定、收入固定，再把我接出來。

我們夢想憑著手藝，將來開個小館子，他管廚房我管帳……只是世事弄人，這個小小的夢想，居然要在地球的另一端開花。

揚州的家，說是家徒四壁，也不算過分。生活條件的艱苦還能克服，讓我發愁的是，在這個新家，我成了不會幹活的「廢人」。

從小到大，仗著父親庇佑，讀書是我唯一需要也唯一認眞做的事，做來得心應手。可是這「讀書人」嫁到農家，農活、女紅這些最基本的家務，我一樣也做不來。新媳婦上門，公婆雖不至於責罵，但臉上的表情終究不活絡。

閒時，我拿讀書作爲我的「忘憂谷」，除了拚命學做事，一心盼望長科能夠早日安頓，接我出去團聚，擺脫這折磨人的日子。

那年臘月二十四，下著大雪，長科夾著個小包，毫無預警地回了家。沒有冬天的衣服，就一件單褂子，冷得直哆嗦，家裏人看到他這個樣子，都嚇了一跳。長科一開口就把全家都驚著了，這次他要出遠門，去香港。

原來我離開上海後，三和大酒樓幾乎要關門，上海人人設法另謀出路。長科的結拜兄弟戴長榮收到一封來自香港的信。長科與長榮都是揚州人，年紀相仿，一直十分要好，後來結爲異姓兄弟。長榮識字不多，信裏的意思他看不完全，便託長科幫他讀信。

「好消息呀，你哥在香港幫你找好飯店的工作，叫你快速南下。」在長科看來，這是天大的好消息，但長榮卻一點沒有喜色，還說不想去。「家裏還有寡母、幼弟，如果我也走了，他們無錢安家，沒法過活。」

「這個好辦，我幫你籌安家費。」長科一口答應幫忙，並商量好兩人一同去香港。但長科沒錢，於是便回揚州，與家人商量。

公婆知道後厲聲反對，尤其是婆婆，時局如此動盪，聽說兒子要去正在打仗的南方，一百萬個不願意。眼看長科與公婆爭執，我只好從旁緩頰，提出第二天和長科一同回娘家的想法，公婆自然同意。

當時香港對我而言，只是一個在報紙上看過的地方，好不容易盼回長科，他卻要走得更遠，我心裏七上八下；回娘家，可以爲我爭取一些思考的時間。

第二天是個雨雪天，沒有公車，我們走路回娘家，大約走了兩個小時。到家時已是中午，家裏人都在吃飯，見我們一身泥濘，忙著讓座倒茶。因爲不知道我們會去，家裏沒有準備，父親怪我沒有提前通知他們。長科看到大家在吃菜粥，就說喜歡中午喝菜粥，大家都笑了。

父親一定要留我們吃晚飯。午飯後，大家便忙著爲我們準備晚餐。長科坐在廳上，奶奶看到長科腳上穿的是膠靴，不保暖，便去屋裏拿了雙新棉鞋要他換上。想著襪子上還有一個大洞，脫鞋實在不雅觀，長科搪塞著說不冷，不肯換。

正好，母親準備起火烙餅，長科自告奮勇要燒火。父親說，第一天上門不可以讓新姑爺幹活，不同意。長科表示，自己在上海當學徒，有兩年火伕經驗，駕輕就熟。其實我知道他是爲了烤火，早上趕路急，他的衣服本就單薄，一路頂著雨雪，早就溼了，吃飯時我發現他冷得有些哆嗦，便順著長科的意思，勸父母讓他做。

晚飯很豐盛，母親準備好多吃的用的讓我帶上，長輩也給我塞了不少紅包。母親對長科家的情況是了解的，竭力想給我多帶點東西，爲我減輕負擔，我就是不肯多要。到了臘月二十七，父親又派人來請，因爲天氣太冷，我們沒去，父母還特意讓人送來壓歲錢。

那是我在長科家過的第一個年，大年三十晚上，李家上下三十多口人一起吃團圓飯，雖然沒有珍饈佳釀，倒也其樂融融。席間，長科要去香港的話題瞬間沖淡了團圓的喜氣，長輩們無一支持。婆婆明裏暗裏告訴我，一定要把長科留住。「素清啊，香港這麼遠，千萬不能放長科走，如果他一走，不回來，怎麼辦？」

我們還是新婚，我心裏也不願意分開。公公、婆婆的意思，我明白，長科是長子，如果走了，他們的後半輩子就沒了依靠。

那時我已有身孕，若堅持讓長科留下來，合情合理。但我仔細想想，長科的打算是對的，男兒志在四方，長科若留在家裏務農，只能和家人一起在困頓中掙扎。長科有手藝，去香港若能找到工作，便可改善家中境況；若不行，再回來也是可以的，只是在長輩面前，我不便表態。

夜裏，長科跟我商量，初一一定要走，去香港這個機會不能錯過。我對長科說，我支持他乘著年輕多出去闖闖，父母和弟弟、妹妹我會照顧好。爲長科整理衣物時，我把娘家長輩給的壓歲錢，結婚時陪嫁的金戒指，一起放進包袱。

臨行在即，不知何時才能聚首，每看一眼長科，心裏就泛起一層說不出的酸楚。燭光中，長科深情地對我說：「你一定要等我，到了香港，我一有辦法就接你出去。」我想起薛平貴和王寶釧的故事。薛平貴是否也曾這樣對妻子許諾？

「王寶釧可是苦守寒窯十八年啊！」我輕輕地感嘆。

「十八年太長了，我一定要早點回來。」長科拉著我的手道。

身無分文到香港

爲免節外生枝，大年初一清晨，我趕往上海。到上海已經是初二，我把素清的金戒指賣掉，和長輩給的壓歲錢一起給戴長榮做安家費。但剩下的錢卻不夠我買去香港的火車票。

一九五〇年初的上海，局勢還未穩定，對新中國的各種猜忌紛飛，謠言四起。因爲有傳言要批鬥老闆，三和大酒樓的大老闆也準備去香港。

年初三晚上，大老闆把我叫到樓上他們的住房。學徒這麼多年，這裏我們是不能隨便進來的。

「小李啊，聽說你要去香港？」老闆問。

「是啊！」我如實回答。

「路費有沒有呢？」老闆又問。

「還沒有。」我說。

頓了一會兒，老闆說道：「大師傅說你老實可靠，這樣吧，我也要去香港，你的路費我出，你幫我辦件事，可不可以？」

「可以、可以。」我心裏默道，眞是菩薩保佑，居然有此好事。得到「我會一路照顧他」的承諾後，老闆出錢要我去買與店裏伙計同趟南下的火車票，不要張揚。

那時南下的火車票是要搶的，我們一行九人，買到農曆二月初的票。一行人擠擠攘攘上了火車，車廂裏人滿爲患，大家都只好站著。

火車也不是一路暢通，經過杭州時，趕上錢塘江大橋被炸出了窟窿，鐵軌損壞嚴重，有些路段還是木頭搭的，火車開得十分緩慢，還不時有轟炸機飛過，著實驚心。第二天又被趕下火車，說是前方鐵軌炸毀了，要步行到下個車站再登車。

第三天晚上，火車終於到了羅湖。車廂裏的乘客跟倒豆子似地湧了出來，一起奔到香港過境辦事處前。

辦事處晚上不開，附近沒有旅店，也沒有吃的。就近的沙灘上七倒八歪躺著、挨著幾千人，長吁短嘆聲不時傳來。我們也加入了露宿大軍，睡不著，也不敢睡著，深怕耽誤了第二天入境，也怕頭頂可能會突然落下來的炸彈。

隔天天濛濛亮，大家都搶著起來排隊過關。關口那側的香港，此時對於我們還是希望的所在。

滿清政府在一八四二年鴉片戰爭後，把香港割讓給英國，憑藉有利的地理位置，成了對外貿易的出入口。政權轉移之際，對新政局不安的人們，紛紛就近逃往香港。香港政府不及應對，還沒有入港限制的規定。每天時間一到，通往香港的鐵閘就會打開，可以自由出入。

入境香港當天，我們坐火車到九龍，長榮的哥哥接走他，我和老闆等八個人被先到香港的朋友帶到一家酒店。老闆租了房間睡床，我們就睡他房間地板。

從上海到香港，我除了身上穿的補丁布衫，隨身行李就是一套半舊的衣褲。白天出門到處尋工，得穿得端正些，晚上洗好晾乾，白天再穿。

一九五〇年的香港，工業還沒有起步，市容也很簡陋；房屋多是木結構，兩、三層樓高。街道狹窄，馬路凹凸不平，路面上三輪車、腳踏車很多，小汽車很少。大部分港人出行，還是坐公車、電車和渡船。

入港後，姊姊的結拜姊妹黃頌英給了我十塊錢，我不知道多久才能找到工作，餓了就買個一角錢的圓麵包，到店家討碗水就著吃；偶爾扛不住了，就要碗白飯配點青菜加兩塊豆腐。

找工作靠兩條腿走，從中環到灣仔，從銅鑼灣到北角，整整一個月，我幾乎用雙腳走遍了香港。

湧入香港的人一天比一天多，找工作難上加難。大約到港兩個星期後，老闆對我們一直在他房間打地鋪不滿意，我和同來的幾個夥伴只好搬走。

沒了固定的棲身所，騎樓廊下、火車站前、樓梯轉角，只要能伸開腿的地方，就是我們睡覺的地方。

晚上蚊蟲眞多，又沒有蚊香、花露水什麼的驅蚊，只好拿破布從頭包到腳，還有老鼠、臭蟲、蟑螂，一不小心就會爬進鼻子、嘴巴裏。巡夜的警察看見露宿的人還會驅趕，能爭取到個遮風蔽雨，又伸得開腿的地方，一夜勿擾睡到天亮，就是幸福的事了。

那時候，香港本地居民對大量湧進的大陸人全稱爲「外江佬」。外江佬中有錢的大老闆，把上海的紗廠、布廠、造船廠都搬到了香港，把原本荒僻的荃灣、沙田、大埔、牛頭角等地，變成一片片工業區，自然得到本地人的尊重。像我這樣的人，到香港和難民也差不多，本地人對我們歧視多於同情。

三餐不繼，居無定所，我不只一次懷疑自己來香港的決定是否正確，惦念著素清和父母，心情十分沮喪。還好，我在上海的時候，朋友就挺多。來香港後，大家一樣窘困，倒是同舟共濟。一個人找到工作，便會替其他兄弟找機會。

一個月後，有兄弟先找到工作，租下一間房。房間沒有窗戶、沒有燈，放了兩張上下鋪後僅容得下一人側身通過。四個床位，是我們八個人的家。睡覺分日夜兩班，白天工作的晚上睡覺，晚上工作或沒有工作的，白天休息。小屋暗無天日，兄弟之間患難與共的情誼，是黑暗中僅有的光亮。

兩個月後，我找到第一份清潔工作，終於鬆了一口氣，心想只要有收入，能解決吃飯和睡覺的問題，做什麼也不計較了。一個月後，一位同鄉引薦我去彌頓道的五芳齋，能重回本行，我很滿足，雖然被分配到的工作是一天燒八鍋飯。

這是沒人願意做的工作，因爲店裏廚房小，燒飯只好在露天進行。

香港天氣熱，大太陽底下一天下來就脫層皮。但有了吃住的地方，我心裏還是感激萬分。一個月做下來，該發工資，領班卻已經把我的工資花掉了。還好第二個月，領班過意不去，如數發給我五十塊港幣的工資。

我請兄弟們先吃頓飯，剩下的錢除了少數用來維持生計，我都用來請店裏的領班和師傅吃飯。領班和師傅們沒多久就把我換到後廚幫忙，負責洗碗和打掃。後廚有手藝的師傅多，閒下來的時候，我就跟著他們學做點心。

大約三個月後，黃頌英阿姊帶來消息，東南紗廠有個做包飯的廣東人黃老闆要人手，我便過去了。切菜、洗菜、打掃、買菜，我一個人包辦。紗廠的工人多，需要的飯菜量很大，每天買菜，都要推個板車去。爲了買到更便宜的菜，需要推車走四、五十分鐘到荃灣菜場。香港的路，上坡、下坡特別多，一趟下來，汗能流到鞋肚裏，汗衫上都是一層鹽霜。

那時候，支撐我堅持下來的，就是不停地想，每個月六十塊錢港幣的工資，能攢下不少寄回家，讓素清和父母改善一下生活。

堅持了兩個月，黃老闆離開了，接手的是位揚州老闆，萬里遇鄉音，一下子覺得特別親近。揚州老闆心好，想要將我調到廚房去，跟著大師傅多學習手藝，不料卻引得原來與我一組，同樣在外頭打雜的廣東領班的嫉恨。

廚房裏一位師傅勸我：「廣東人拉幫結派的，你一個人寡不敵眾，還是早點走好。」我心裏琢磨一下，覺得師傅說得有道理，東西也沒收拾就跑出來了，搭了車直奔英皇道。在那邊也有一個五芳齋，我在上海認識的江鳳剛師傅正在那裏做頭廚。我第一天晚上便來投靠江師傅。

當時香港找工作的人太多，沒有空缺，我等了兩天，師傅看我可憐，問我是否肯先做打雜的工作，我答應了。在廚房裏，什麼雜事小事我都搶著做，一個星期後，廚房裏兩位學徒打架，有一位走了，空出來的位子就讓我補上了。

江師傅看我做事認眞，有空便教我做一些複雜的菜色，我也會找各種機會動手試做。有時候師傅不在，我也大膽搶著做客人叫的菜。當時餐廳裏的魚翅、海參都要用熱水泡發。我想泡發也是一門手藝，想學到手。有一次試做時，被噴出的熱水燙傷半邊身體，還上了報。

後來江師傅與老闆因爲一些小事發生了爭吵，一氣之下離開了餐廳。我心裏很失落，便也離開了五芳齋。

上海的洪幫兄弟很多都到了香港，我與不少人都是患難之交。其中有一位「謝老頭子」，頭腦靈活，但到香港後，一直都找不到工作，連吃住都有問題。見我手藝不錯，便勸我自己出來做「包飯」生意。

他說：「小老弟啊，人啊早晚要走出自己的一條路，總不能一輩子仰人鼻息，聽人使喚，你說是不是？」我對謝老頭說的話非常心動。離家千里，歷盡艱辛，自然不願永遠仰人鼻息。自己做生意，賺的錢都是自己的，更加實在，便答應了謝老頭的提議。我和謝老頭分工，我掌廚、管錢，謝老頭找客戶、攬生意，他的吃穿住等用度，皆由我負責。

謝老頭找到的第一單生意，是給灣仔一家舞廳的舞女做包飯。舞女人數不多，且大部分舞女一天只吃一頓晚飯，還有不少人會跟客人外出吃飯，算一算利潤一般。

謝老頭交友廣，沒多久又找到了給碼頭送飯的生意。碼頭輪船很多，人來人往，跑船的，運貨的，賣東西的，其中很多都是洪幫兄弟。每次船一靠岸，碼頭上的工頭就幫我們收訂單，我們按單子送飯，一週後收錢。有洪幫兄弟的照應，生意倒也穩定。

一個多月後，我有點小積蓄，又借了一點錢，在尖沙嘴碼頭租房子，做飯兼住宿用，算是安了自己在香港的第一個家。尖沙嘴附近有很多寫字樓、銀行、辦公室，但是沒有食堂。我的飯菜口感不錯，價格便宜，很快這些坐辦公室的白領，都成了我的基本客戶。

剛開始做包飯生意，從買菜、洗菜，到淘米做飯，都是我一個人，顧客漸漸多起來了，我先後聘了八個人做幫手。我雖是老闆，但大家「同是天涯淪落人」，彼此照應多過主僱關係。租的房子很小，只有一張床，大家都很自覺把床讓給四個年紀大的睡，其餘幾個人就打地鋪。

僱來的八個人有一半是文化人，肩不能挑擔，手無縛雞之力。我們做包飯的，飯菜做好了，都是要挑擔子送到門上的。寫字樓裏雖有電梯，卻不讓挑擔子的進去，只得爬樓。我年輕有力氣，要爬樓的就自己挑著爬，底層不用爬樓的，就讓他們送。

那時候的香港，市面上到處都是餓得面黃肌瘦的乞丐和難民，包飯有時候會剩下，看著我們挑擔走過，都是追著討。我想我們至少能吃飽，也有地方遮風蔽雨，後來立了規矩，只要有剩飯，不用問，直接分給乞丐、遊民。

辛苦卻踏實的日子過了三個月，謝老頭突然說要走了，我又再一次被推到人生的岔路口。

偷渡日本成黑戶

那天，謝老頭子一來，開口就說不做了。我驚訝至極，「怎麼做得好好的，就要走了呢，你走了，我們的生意怎麼辦？」他說，他已經辦好去臺灣的簽證，還反過來勸我：「小老弟，我也幫你想過，這邊有個機會就看你敢不敢了？」

「什麼機會？」我問道。

「偷渡去日本。」

謝老頭給我三天時間考慮，並告訴我偷渡去日本，第一要有八百塊港幣的買路錢；第二船上只有一個人知道我是誰，我的生死全掛在這個陌生人身上；第三萬一路上被發現了，可能會被蛇頭推到海裏，要有心裏準備。臨走前，謝老頭子鄭重地對我說：「小老弟，香港地少人稠，不是久居之地。成大事，得放手搏。」

接下來的兩天，謝老頭子的話一直在我耳邊轉，香港確實愈來愈難討生活，可是我也算剛剛站穩了腳跟。不過，謝老頭子一走，沒人攬生意，競爭那麼激烈，能否繼續維持很難説。但是如果我走了，一起工作的兄弟們如何是好？動盪的日子，爲了生計，願意鋌而走險的人不少。我有膽量，但是去哪裏找八百塊的買路錢？

我找兄弟們商量後，決定把包飯生意賣掉，一半給我，一半給大家分。但賣掉後的錢還是不夠，我去找江師傅幫忙，師娘看我著急，索性把自己脖子上的金鍊子解下來給我。

我心裏感傷又感激，忍不住哭了出來：「師娘的恩情，我李長科一輩子不會忘，定當加倍奉還。」師娘安慰我：「我也沒想過什麼回報，只希望你能抓住機會，好好努力。」我當掉金鍊子，湊足了八百元，交給謝老頭，心裏不免有些忐忑。

半夜，我按接頭人的交代，來到一個碼頭，和一個名叫「小狗子」的寧波人碰面，上了一艘小船。船偷偷駛離碼頭，四周漆黑，不辨方向。沒多久，小船靠著一艘大船停下，換了船，還來不及打量四周情況，他帶著我七拐八拐，進了一個沒有窗、沒有燈的艙室，叮囑我千萬不能出去，如果被發現，就只好跳海。

艙室很小，我戰戰兢兢地爬了進去，蜷著腿坐下。四周一絲光亮都沒有，每隔一段時間會有人給我塞點吃的進來。我撕心裂肺地噁心、暈船，一個人在黑暗的空間，虛弱加上無助，開始胡思亂想，萬一被發現，就這樣跟家人不明不白永別了，怎麼辦？到了日本，日語都不會，該如何落腳？伴隨著海浪聲和機艙的轟鳴聲，一連串問題持續湧上心來，無止境的恐懼，差點壓垮了我。

沒有陽光，沒有時間，每日兩餐，依著這個計算，我估摸著大約過了一個星期，一名船員到艙室，塞給我一張海員證，上面寫了我的姓名，沒有照片，讓我自己把照片貼上。告訴我第二天就要到日本了，到時跟著船員們一起上岸，跟緊些。

第二天晚上，船進了橫濱港。走出艙室，四周燈光昏黃，沒來得及好好呼吸一口新鮮空氣，就被船員夾帶著下了船。走在跳板上的時候，我幾乎都能聽到自己的心跳聲。雙手緊緊抓著我的小包裹，緊跟著其他船員後面，深怕漏了一步，就被識破。沒想到上岸非常順利，無人查問，也無人阻攔。

走出碼頭時，夜幕初降，碼頭附近的燈光朦朧暗淡。沒多久，接應我的人就到了。我們搭上公車，到橫濱火車站，搭上往東京的火車。

車廂裏很暗，只有疏疏落落三、五人。車速很快，窗外燈光閃電般飛過，我什麼都看不清，但心裏總算安定了一些，畢竟愈來愈靠近目的地了。約莫一個小時後，火車到了東京，我緊緊跟在接應人後面下了車，再搭一趟車，就可以到我此行的目的地——江央飯店了。

江央飯店有一位王師傅，過去也在三和大酒樓，跟我關係不錯。決定來日本後，我便想到他。可是關於王師傅的消息，都是朋友們帶來的，匆忙出發，沒來得及和王師傅取得聯繫。

到達飯店時，夜色深沈，沒想到在飯店門口正好就遇到王師傅。王師傅急著要出門，看到我很吃驚，來不及敘舊，匆匆忙忙給了我一床被褥，要我先到飯店二樓的大廳休息，其他再説。

一上二樓大廳，只見十來個人躺在地上睡覺。燈光昏暗，我隨便找了窗邊一處小空位，裹著棉被，倚著枕頭躺了下來。但雜亂的思緒困擾著我，在東京人生地不熟，一句日本話也不會説，今後如何謀生？如果偷渡身分被發現怎麼辦？明天該怎麼跟王師傅開口……

折騰一夜，終究太過疲勞，迷糊之間，已經是第二天早上。王師傅聽了我的狀況後，將他的一位朋友尹師傅介紹給我。尹師傅四十來歲，身材瘦削，來自橫濱的華正樓，這幾天因來東京喝喜酒，順路過來找王師傅敘舊。他聽聞我是上海三和大酒樓出身，問我是否願意跟他到橫濱去，先幫他做幾天替工，我滿心歡喜地應允。

尹師傅所在的華正樓，地處橫濱的中華街。這條街上全是中國人開的店鋪，有飯店、雜貨店、中藥店、禮品店等，很多日本人和觀光客喜歡來此吃飯、購物。

華正樓是中華街最大的中華料理店，老闆姓胡，寧波人，五十來歲，年輕時便來到日本打工，後來娶了日本太太生了五個女兒，省吃儉用，勤勞肯幹，創下了華正樓這份家業。華正樓裏只有兩位中國廚師，一位是尹師傅，另一位是張師傅，其他員工都是年輕的日本人。

兩位師傅非常歡迎我的到來，華正樓的生意蒸蒸日上，他們應接不暇。一到華正樓，張師傅便熱心地解釋廚房作業的各項規矩和習慣，聽著熟悉的鄉音，看著熟悉的中式鍋碗瓢盆，恍如回到了熟悉的上海。

尹師傅原本說幫忙三天，後來三天變成半個月，半個月變成了長工。

那段時間，我又開始每天早起練功，練完功，我還比其他員工早一個小時到飯店。每天下班，我也是最後一個離開。這是我在日本的第一份工作，要立足，便需比別人付出加倍甚至十倍的努力。

尹師傅喜歡打麻將，我幫他準備廚房的事，他就有時間打麻將了。尹師傅見我肯學，開始教我做涼菜、點心，我還悄悄地幫忙做掉許多他的工作。尹師傅很開心，一直在老闆面前誇讚我。

三個月後，有一次中午休息，我一個人留下來打掃，在走廊撿到了一個信封。打開一看，竟有一萬多美金。我從出生就沒見過那麼多錢，拿著信封，馬上找到了大廚張師傅詢問，他說大概是老闆掉的，拿去還給了他。

三天後，張師傅滿面笑容地對我說：「小老弟，好福氣呀，老闆要招你做女婿了。以後可不要忘了是誰提攜你唷！」張師傅邊說邊拍著我的肩膀。

「不行、不行呀，師傅，我家裏有老婆、小孩了。」我忙著拒絕。

張師傅一臉詫異地看著我：「小老弟，這麼早就結婚了？多好的機會啊！」張師傅意味深長地看著我，走開了。

日本戰後很窮，經濟蕭條。許多男子戰死沙場，女多男少，很多外國人到日本後，為了獲得合法身分，會找個本地女子成婚，也不管本國家中是否有家小。我那時候是黑戶，時刻有被發現遣返的危險，找本地人結婚，是最便捷解決這個難題的方式。

要說全沒有動心，那是假話，對方是老闆的女兒，非但容貌美麗、帶有日本女子的柔順，又能在事業上可以給予我幫助。老闆是華裔，語言文化都沒有障礙。在外人看來，這是再好不過的姻緣了，可我心底總有個聲音在——素清在等我，我要回去與她團圓，我不能讓她像王寶釧一樣等十八年……

老闆知道了，問是不是我嫌棄他女兒不夠好看，並勸我好好考慮，居留的問題才是最要緊的。

「大陸的女人生死不知，相隔兩地，何時能聚，還能不能見，都不知道，要抓住眼前。」雖然我百般解釋，老闆那裏總還是有了嫌隙。畢竟我來日本那麼長時間，並不像別人有家書寄到，很難讓人相信我眞的有家小。

能做菜後，我的工資漲到大約五十美元，六個月後，大約有一百美元。當時日本和中國不通商，我的信都是先寄給香港堂哥李長華，請他代爲轉寄。那時候雖然初通文墨，讀書看報可以，信卻寫不來，不知道應該寫些什麼，往往兩、三天寫不出一封來。但每三個月寄一次錢，我卻從來沒有耽誤過。

寄去那麼多信，素清爲什麼不給我回信呢？遠方的妻兒杳無音信，近處的同事又對我質疑，心裏的委屈，常常噎得我半夜愁醒。

家書被藏倚門望

長科去香港後，公婆對於我沒有留住長科，還自作主張資助他離家，百般不滿。他們認爲，我有如此行徑，都是讀太多書害的。長科走後，公婆便不許我再看書。這比要我同其他農婦一樣下地挑水、種菜，更讓我痛苦百倍，似乎失去了唯一的透氣口。

既然父親選定長科作爲我的夫婿，我也接受了，無論多難多苦，我都必須自己堅持下去。我知道前路暗淡，但害怕無濟於事，抱怨也毫無意義。「你看看，哪家媳婦不是一樣幹活？」公婆說的沒錯，在貧苦的農村，哪個農婦不是肩挑、手抬，鍋臺邊打轉，我憑什麼不可以？

雖然下了決心，做起來卻是千難萬難。一擔水，壓在我的肩膀，似有千斤重。肩膀上墊了厚厚的棉布，走一趟，也是一層水泡。天天如此，舊的破皮還沒長利索，新的水泡又出來了。

因爲姿勢不得法，加上懷著身孕，每天來回在田埂上走動，我總是摔跤，摔得渾身是傷。哭，是絕對不可以的。鄉里百十雙眼睛盯著，哪家新媳婦農活做不好，還要哭鬧，那是挖地縫也蓋不住的丟人事兒。熬著！這是我唯一能告訴自己的答案。

農民的日子，就是面朝黃土背朝天，日未出而作，日已落未歇。「夏日，月色清明，把大地照得一片透亮。」書上描述這樣的月色，是天涯共此時的美好；如今，這月色卻是我心驚肉跳的回憶。因爲這樣的月色意味著，公婆三點便要喚我起床，要乘著月好看得見，去田裏多做些活兒。

月色下，四周一片死寂，田埂都似蒙上了一色慘白。不能思考，不能停下來，不停地拔草、割菜……自己的呼吸清晰可聞，但似乎有沒有意義都不大，只是無意識地勞作。幾十年過去，世人依然熱愛明月的皎潔，可我每當看到滿月，就會莫名緊張。那段歲月的印記，實在太深刻了。

我和長科的第一個孩子——永松，就在那樣的日子裏，來到了我身邊。松兒爲我灰暗的生活，帶來了一絲希冀，給了我支持下去的勇氣。整整十年，松兒就是我全部的支撐與溫暖。我們母子間的感情，是在苦難中積累起來的，不同尋常。

松兒能夠安然來到人世，眞是老天的眷顧。有孕在身的日子裏，白天我在農地勞動，連基本的溫飽都沒有保障。爲了節省時間，公婆要我午飯也在田裏吃，小叔、小姑負責送飯。家裏人口眾多，我的飯不是隔頓就是隔夜的剩飯、剩菜。

懷孕後期正是大夏天，那時候沒有冰箱，送來的飯菜十次倒有八、九次是餿的，聞著味道就噁心反胃。我一個人吃要養兩個人，肚子餓得受不住了，餿飯餿菜，就近找個水溝，舀碗水漂一漂，也要嚥下去。

日子在無盡的農事與公婆的怨恨中緩慢捱過。那是個毒日頭的天氣，我挺著大肚子在田裏除草。突然下身一股暖流，羊水破了，我第一反應就是往家裏趕。到家後，婆婆看到了，得知是羊水破了，非但沒有安置我，還將我重新趕回了地裏。「頭胎哪這麼快，回去再做點事兒。」

忍著劇痛，我又往回走。雙腿疼得根本支撐不住笨重的身體，摔了好幾次，跌跌撞撞到了田裏。一路上，我不住地默念：「孩子，孩子，你千萬不要有事兒。」

松兒生下來十分瘦小，早產近兩個月。因爲羊水流乾了，分娩的時候，我吃盡苦頭，但總算是母子均安。在那苦難的歲月，老天實在已經厚待於我。

按照字輩，松兒是李家永字輩的長孫。公婆其實都是簡單樸實的農民，難免有些傳宗接代、重男輕女的思想。永松的到來，給了兩位同樣備嘗苦難的老人難得的喜悅與安慰。公公甚至借貸買來了雞蛋，做了好多紅蛋送給親朋、鄰里。算是「母憑子貴」，公婆對我的態度有很大的改觀。

雖然我有心隱瞞，但住在同一個城市，父母對我的遭遇了然於心。「嫁出去的女兒如潑出去的水」是當時民情，父母對我的苦楚不便過問。生了永松，父母終於有了照顧寶貝女兒的理由。他們與公婆商量，早產兒不好帶，想將我接回娘家坐月子，公婆同意了。

初爲人母的喜悅，加上父母無微不至的照顧，這個月讓我又一次體會到幸福。月子結束，我又重新回到田裏。炎炎的日頭無盡頭，我常盼望有一場雨，讓我有藉口躲回家見見我那可憐的孩子。瘦小的臉，是不是又因爲不能及時喝到母親的乳汁，哭得漲紅？

我在農地忙的日子，松兒只有實在哭鬧得兇了，小姑才會抱到田裏來給我餵。孩子吃飽喝足了，明媚的陽光下沈沈睡去，臉上往往還淚痕斑斑，卻已經露出滿足的微哼。

「嫂子，你要下田，快把孩子給我吧！」小姑的催促總是打斷我瞬間的幸福。可憐的孩子，連母親溫暖的懷抱，都無法盡情擁有。

生活上的艱苦怎比得上精神上的折磨？長科離家後，我每天提心吊膽著，他隻身在外，是遇難了還是生病了？左等右等，日盼夜盼，就是盼不到他的一點訊息。在田裏做工時，我常常抬起頭望向藍藍的天，問蒼天，天不語；夜裏輾轉難眠，對著孤燈傾訴，孤燈也沈默無言。儘管大熱天，始終無法溫暖我寒如嚴冬的心境；儘管懸掛夜空的星星閃爍亮眼，我只覺人生了無生趣，大地毀滅。

寒風吹在臉上，雪花落在身上，腳上的膠鞋要套上草鞋，才不會滑。小路泥濘不平，頭頂著露水，腳踏著霜，雙手不停地除去菜葉上的霜，再將菜一棵棵拔下，在田邊小溝沖掉泥沙。這些事做完了，接著翻土，種下菜苗，繼續反覆地耕作。強勁的北風掃落大樹上的葉子，光禿禿的樹枝發出嘶嘶的聲音，怎麼那麼像我哭泣的聲音？夜風吹來寒意，遠處傳來的狗吠聲顯得淒涼，思念的情緒也特別強烈激動。冬天來了，不知長科有沒有一件禦寒的冬衣？長科！離家這麼久了，爲什麼不給我捎個訊息？長科！你知道嗎？我們的兒子已牙牙學語，我應該教他先學叫爸爸嗎？枝頭烏鴉呀呀哀叫，算是回答了我的問題。

春天的腳步悄悄走近，嫩芽冒出翠綠的頭兒，清晨鷓鴣鳥清唱婉轉，揚州鄉下的春天特別潮溼，時有綿綿細雨。休息了一個冬天的蛇紛紛出洞，有時在腳邊滑溜過去，有時在手邊，嚇得我全身顫抖。春天的青菜種類多，田裏的工作無形中加重了，我吃得不好也不夠，經常聽到飢腸轆轆的叫聲，眼冒金星頭發昏，全身肌肉沒有一處不痠疼。

白天無窮無盡的勞動並沒有幫助我入眠，萬籟俱寂，偶爾傳來稀疏的小蟲聲，腦子裏翻滾著一波又一波的思緒，像不斷洶湧而來的海浪。最後連蟲兒都無聲無息了，我才剛要入眠，就被公公喚起做事。

三十五口的大家庭，三餐不可周全，每個人都自顧不暇。我的婚姻是父親做的主，母親強烈反對，其他親屬也不贊成。我不願家裏人因我起衝突，所有的苦楚一概不說。鄰里親戚有些看不慣長科父母對我的苛待，替我抱不平：「長科都出去這麼久了，一點消息沒有，你有文化，完全可以離開他家自力更生。」

苦難的歲月，放棄抗爭是最自然不過的選擇。可是我和長科有約定，長科離開揚州前那個寒冷的除夕夜，我說，一定會為他守住這個家；他說，一定會與我團聚。

有一個傍晚，晚餐後洗好碗，我照例給灶王爺上了香。突然，好好的灶王像摔落下來，一堆信件散了一地。拾起一看，都是長科寫回來的家書。

顧不得深思長科的信為何會被人藏起來，長久的期盼終於有了方向，已經讓我感念天地。害怕被人發現我找到家書的藏匿地後，又是一場風波，我趕緊將灶王爺歸位，把信藏在身邊。深夜，確定全家人都睡著了，我回到房間，不敢點燈，藉著月光，手腳顫抖著將長科的信一封封地取出細看。

信裏長科一路的經歷，雖然只是避重就輕的寥寥數語，但我完全可以想像他的艱辛。越洋偷渡、四處謀生，雖然李家貧寒，可要如果沒有離鄉，苦雖苦，還是安全的。我的夫君，從來沒有放棄奮鬥，從來沒有忘記對家的承諾，讓我既心酸又欣慰。

第二天還是要勞作，我從未如此強烈期盼天快點黑，家人快點休息，我要給長科寫信。滿滿六張紙，第一次給長科寫信，我細細記錄了家裏的近況，農事的年景、永松的乖巧，只是不提公婆把信件藏匿起來的事。長科的信，長科的音訊，讓我在貧瘠的生活天地裏，重新找回了心。

辦臺簽上回港船

收到素清的第一封家書，是我離家快兩年後。

那是一個工作日的午後，郵差送信到華正樓。看到信封上是素清的筆跡，我激動得不知所措。忙著拆開，信中有一張幼兒的照片，那是我的兒子。「我有兒子啦！我有兒子啦！」拿著信和照片，我抑制不住內心的喜悅，見人就忙著給大家看信、看照片。

「小老弟，沒想到真的結婚了，還有兒子了！」素清的來信，一下子解開了師傅和老闆對我的誤解，我的苦悶一下子煙消雲散。

開心勁兒還沒過一天，我就開始發愁了——回信不會寫。我雖然念過幾年私塾，但提筆忘文，肚子裏那有限的幾滴墨水，完全不知道怎麼拼湊。之前寄回的家書，多是請人代寫，可是這次是素清第一次給我寫信，我想自己回。

任憑我抓耳撓腮，絞盡腦汁，三天過去了，家書還是沒有寫成。我心裏很不舒服，爲什麼我這麼年輕，不能自己寫信給妻子。苦悶之餘，我決定去東京找好兄弟戴長榮敘敘。

東京銀座有個俱樂部，是個叫白光的人開的，據説合股的是著名的歌星李香蘭。俱樂部很受歡迎，吸引了很多駐日的美國人光顧，長榮在俱樂部幫忙。我到東京那天晚上，俱樂部客滿，長榮很忙，讓我到二樓員工休息的地方先坐坐。二樓沒燈，我慢慢摸索著，坐到了一張沙發上，隨手摸到了一本書。

呆坐不如翻書，洗手間是唯一有燈的地方，我挪過去就著燈光一看書目，居然是一本敎人寫信的書。「你不會寫信，難道不會看嗎？不會寫，難道不會抄嗎？寫的時候不要客氣，想到什麼就寫什麼……」書中的字字句句彷彿是專門給我看的。翻了幾頁，我如獲至寶，當下告別了長榮，說完就往火車站跑。

往後的日子裏，我每次寫信，就把這本書翻出來，照著樣子給素清寫信。不會寫的字也從裏面找。那時候中日還沒通商，寄到大陸的信件，都要先寄到香港。

雖然近兩年的時間裏，我沒有收到家中回信，但還是堅持每月至少給素清寫兩封信，每三個月往家裏寄一回錢，五十或者一百美金，寄到香港堂哥李長華家，請他代爲轉交。我還有個連襟，叫黃廣林，有時候我也寄錢給他，讓他轉寄給家裏。因爲信任，我從來沒有問過他們是不是已經把錢轉寄到了揚州。

兩年的時間，我滿心以爲我的辛勞，應該可以換來素清和家人的寬裕日子。那時候，一百塊美金可以換七百塊左右港幣，要是眞寄到大陸，家裏是一年都用不完的。素清在信中從不抱怨，也從不跟我要錢。總是一再囑咐我要保重身體，要萬事小心。於是，直到很多年後，我們重逢了，我才知道，寄回家的錢，都被兩位親友扣下。那幾年，素清非但沒有因爲我享受到任何福分，反倒是吃盡苦頭。

戰後的日本，男女比例嚴重失衡，來自其他國家的偷渡客、非法移民，尤其是男性，帶著手藝，在這個時期大量湧入，填補了勞動力的空缺。但戰後日本經濟幾乎崩盤，一方面是外來勞力的大量湧入，一方面是很多人失業。當時日本有些政客，片面鼓吹外來人口湧入的不利，將經濟與就業困局歸罪於我們，設法驅離所有不法入境的人，又不想讓勞工創造的財富流出日本。

一九五三年，日本政府修改移民的相關法令，宣布凡是外籍勞工，必須去移民局登記，由政府發給勞工證及合法居留證才可以在日本居留工作。證件期限是一年，一年過後每六個月需要再申請。

沒多久，政府又有新政策，聲明外籍勞工若與日本女性結婚，可以獲得永久居留，沒有結婚的，只有一年居留時間。到期後，如果還是沒有結婚，就只剩下半年，半年後還沒有就剩三個月。

消息一出，華人圈立刻刮起了一陣娶日本太太的風潮。那陣子，喜宴趕了一場又一場，相親也是一波又一波。

華正樓在鎌倉有個分店，廚師和廚師打架，老闆讓我過去做負責人。這家店裏，除了我和一個日本男子，其他都是女人，大家勸我該抓住機會找日本人結婚。雖然我一再表示自己已經有妻小，但還是有很多本地女子示好。因爲那時日本很窮，我這個中國小廚子收入算是不錯。一個月一百美元的薪資，相當於四萬日幣左右，我一個月花不了一、兩千日元，經濟上算是相當寬裕。

因爲兒時一些經驗，我對日本政府持有懷疑態度，後來事實證明我是對的。當華工們歡天喜地給日本新娘買房買家具，花完積蓄結完婚，拿著結婚證書到移民局辦理永久居留時，很多人依然被拒簽，大部分還被勒令一個月內離開。

對華工來說，多年奮鬥，積蓄一朝告罄，卻落得身無分文、失落無家的窘境；而嫁給華工的日本女子，同樣也面對新婚別離的苦楚。

沒多久，日本政府開始抓人。勞工們無處躲藏，紛紛被關進了監獄、等候發落。一九五四年四月，我的居留權過期，也被關了起來。第九天，有個姓鍾的臺灣人看我老是唉聲歎氣，過來搭話，問我是不是想出去，我說當然了。

「好，明天早上我保證你出去。」鍾先生信心十足地對我說。一聊才知道，這位鍾先生是中醫世家出身，頗曉醫理。他的法子就是讓我看起來發急病，騙過獄卒逃出去。

來不及深思鍾先生的法子是否可行，我打算放膽一試。當天晚上，依照鍾先生的囑咐，我佯裝頭疼，沒有吃晚餐。第二天一早，早餐也藉故躲掉了。臨近中午，鍾先生來了，悄悄遞給我一大碗黑乎乎的東西，讓我喝掉。我也不疑，一口氣喝掉了，原來是醬油。喝完了我依照鍾先生的吩咐，還鑽回去繼續裝睡。

不過幾分鐘的時間，胃裏如火燒般地疼，我全身冷汗直冒。不一會兒的功夫，就開始口吐白沫。同牢的移民犯圍過來，看我的樣子，十分可怕，慌張地喊來獄卒。日本人一開始無動於衷，大家開始七嘴八舌罵起來。這時鍾先生走了過來，摸了摸我的腹部，肯定地告訴日本人，是急性盲腸炎，要趕快送醫，否則有性命之憂。

獄卒怕鬧出人命，立即將我送到醫院。醫師認眞地檢查了一遍，一口咬定我盲腸壞了，非開刀不可。當時，我對盲腸手術不了解，一聽說要開刀，滿腦子想著萬一死在手術臺上，年幼的孩子和素清該怎麼辦？我極力告訴大家我沒事，卻很快就被推到手術室、套上口罩。沒一會兒，眼前一黑，便失去了知覺。

再次醒來，已經躺在一間病房裏，口乾舌燥，全身毫無力氣。伸手一摸，肚子上緊貼了一大塊紗布，心想這盲腸大概已經割了，看來開刀也沒什麼可怕，但一想到身邊一個親人都沒有，又萬分沮喪。

當天下午，日本姑娘千鶴子來到了我的病房。我們認識有段時間了，千鶴子對我有好感，爲了斷她的念頭，我早就告訴她我有家室，還有個兒子，我們只能做朋友。千鶴子似乎明白，又似乎不明白地依然時常出現在我的身邊。

我這一病住院，千鶴子是唯一來照顧我的人。她每天下午三點來，有時候帶兩個蘋果，有時候帶個梨。我沒法動彈，她忙著幫我洗衣、端茶倒水。開始幾天，還在病床邊打地鋪陪我，我心裏很感動，也知道千鶴子希望我跟她結婚。我勸她不要來了，我不可能跟她結婚，千鶴子不説什麼，堅持要照顧到我出院。這算是我在日本闖蕩這些年，體味到的少有溫情，爲此我始終心懷感激。

十天後，傷口拆線，由華正樓的胡老闆擔保，被允許釋放，但限制十五天內必須離境。本來我辦了臺灣簽證也買好船票，出發前朋友告訴我臺灣的戰後也相當窘迫，局勢不明朗，說不定會與大陸政府有一戰，也許會被抓去當兵。

我正不知如何是好，又聽說有個朋友要偷渡回香港，於是當天就跑到神戶找到這個朋友，讓他設法弄到回香港的船票。

十五天後，我登上了回香港的船。千鶴子到碼頭來，一邊哭一邊求我留下，我不知如何勸解，只好轉身上船。對她的深情，我只能抱歉，我不能對不起遠在揚州的素清。後來我第二次到日本，她曾來找我。我那時候正被日本警察追捕，躲在朋友家，不敢出門，沒見到，自此我們就沒有再見面，也沒了消息。

一缸榨菜闖巴西

回到香港，我到處向朋友打探工作機會。此時的香港，人口暴增，工作比我第一次來時更加難找，社會秩序也很亂。我打定主意，還是要回日本。還好，我在日本工作這幾年，存了不少美金。我託朋友找到那時在香港的上海幫，交了一筆錢，拿到一個香港人的護照，把我的照片貼上去，用假名「林長江」，準備再次偷渡日本。

這次，我假扮留學生，換了新西裝，拎著皮箱，還買了頭等艙的來回船票，同船共有九人持假護照。船在名古屋靠岸，我不敢久留，又搭火車到大阪。名古屋的朋友打電話來說，與我同船另外八個用假證件的，在神戶已經被抓並被遣返，移民局查到「林長江」也是假冒的，警察已經到旅館搜捕過，讓我千萬不要回名古屋。

我在大阪躲了三個月，終究不是辦法。後來，戴長榮說他有朋友要去巴西，問我去不去？那個時候，沒人知道巴西在哪裏？但大家都知道美國，他們說巴西在南美洲，我想美國應該是在北美洲，都是美洲，應該不遠，先去巴西，說不定以後有機會去美國。

那時候去巴西的簽證很容易辦，只要有介紹信就可以，朋友幫我辦了簽證，但去買船票時，被日本警察發現，再一次關進神戶監獄。一個星期後，我又被遣返回香港。

從日本回香港的船上，我與船上二副成了朋友，二副頗曉往來身分的各種門道，他教我如何買到去巴西的船票。

從香港出發前，我看到許多同行者大包小包扛著各式行李。去過巴西的人說，那裏幾乎所有的中國東西都能賣錢，但此時我身上只剩下美金十元，這是一路的開銷，實在無法買什麼貨品。朋友說，「你總得帶點什麼吧，到了那裏好歹賣了，可以換點生活費。」前思後想，我花了十塊美金，買了一缸四川榨菜。

從香港到巴西的船是荷蘭公司的芝加連加號，一路經過新加坡、毛里西斯、南非……到巴西里約熱內盧，要整整四十五天，到了里約，再去聖保羅的港口桑托斯，要再花一天時間。

下船時人多，路又顛簸，我那缸榨菜給顛破了，味道四散。司機很生氣，揚言要我丟掉。我小心陪不是，那缸榨菜，可是我唯一的財產。

進了市區，我先落腳到朋友家。朋友問我可帶了什麼東西變現，我指了那缸榨菜：「就這缸榨菜了，能賣就賣，不能賣就只好自己吃了。」那時候的聖保羅市，總共就一百多個華人，朋友打了幾個電話，沒想到這缸十塊美金的榨菜，居然賣了三百多美元。

用這三百美元，我去批發市場批些中國樣式的小東西，做起擔貨郎。當時，巴西人對中國的東西很稀罕，我一句本地話不懂，也將小買賣做得紅紅火火，運氣好的時候，一天甚至能有百來美金的收益。

略有積蓄後，我從朋友家搬出來。有錢我也不敢亂花，只找那種床位出租的家庭客棧，有點像如今時髦的青年旅社，在當地叫「拼松」。幾個月後，與我同船到巴西的一位先生找到了我，說他們的無錫老闆，想在巴西開中餐館，找廚師，一個月三百美元。我想能做回廚師本行很合心意，收入雖少但穩定，便答應了下來。

飯店選址在聖保羅的市中心，算是當地眞正意義上的中餐館，定名叫香港飯店。後來飯店成了往來香港巴西人群的據點。

我在香港飯店做了一年多，後來看到報上廣告有家日本人開的酒店，要找懂中國料理的師傅，老闆聽說我在日本的酒店做過，還通日文，便邀請我做中餐廚房的領班。

這家日本酒店規模很大，樓下是電影院，二樓是餐廳，三至六樓是客房。餐廳能容納四、五百人，裏面有日本餐、巴西餐、中國餐。我一開始就管理中國餐，大約一年後的某一天，一位日本人送肉到餐廳，但因爲不新鮮，我讓他拿走重送。他待過中國、懂中文，指著我說：「你們中國人就喜歡挑我的毛病來拿回扣。」

我的火爆脾氣一聽這話便發作了，「其他中國人我不管，但我這個中國人不要回扣，你這些東西好就是好，不好就是不好。」說著我就把肉往桌上狠勁兒一甩。日本老闆看見了，問我怎麼回事，我告訴他原委後，他沒說什麼，讓送貨的將肉拿走了。

戰前戰後遷移到巴西的日本人很多，酒店老闆是在巴西出生的日本人，三代都在巴西，爲人誠懇，對我們中國人很好。此事過後，老闆對我愈加信任，將酒店的廚房都交給我管理，我在那裏做管理做了兩年多。

一九五八年，戴長榮的學徒高先生來到巴西，他是四川人，在巴西舉目無親，長榮來信要我盡力幫助。高先生想開中餐館，邀我一起參與，我礙於長榮面子，便辭了日本酒店的差事，出來與他們一起做。飯店取名國泰，開在聖保羅市中心最好的位置，裝修和租金十分昂貴，我們幾個人手頭的錢不夠。高先生提出他們初來乍到，人頭不熟，還是由我出面去借的好。我不疑有他，一口氣借了八千美金外債。

飯店順利開張，我卻發現所有合同上都沒有我的名字，飯店的股權也沒有我的份。更可恨的是八千美金的外債是我去借的，都花在了飯店裝修上，此時說起來，高先生卻賴帳了，要我一個人承擔。那時候，真的氣得心裏已經出現壞念頭，可是借給我錢的人是無辜的，我得還。即便心裏有一百萬個委屈，我還是得在後廚出汗出力，幫他們賺錢，連帶還債。

我本想在巴西站穩腳跟後，盡快將素清和松兒接出來，如今不僅幾年的積蓄又打了水漂，還欠了一身債。

不久，我收到信說素清和松兒要來了。我連基本的生活都沒有辦法保障，加上素清說沒有收到我寄的旅費，我不明就裏，思前想後，覺得還是暫時讓他們待在香港比較好，至少還有親戚照應，於是照著這個意思，給素清回了信。

我想，素清在香港不管來不來巴西，都需要開銷，我又想辦法籌措了三百五十元美金，打算託人帶回去。當時跟我一起到巴西的，有一位理髮師很有名，來到巴西卻沒有生意，打算回香港。他聽說我要寄錢回香港，而他正準備請朋友匯錢過來給他買船票，建議不如我把錢先借給他買船票，到香港後，他從朋友那裏拿錢還給我太太，這樣我就不用寄了，他也省得等時間。我相信他了，交給他三百五十美金。

高先生聽說我太太到了香港，也主動示好，說他會寫信讓香港的朋友去買票，我太太直接去拿船票就好。

直到此時，我從未懷疑是堂哥故意不給素清錢；直到此時，我相信理髮師會將我如此艱難情況下籌到的美金交到素清手中，讓素清與松兒在香港的生活不至於困苦；直到此時，我還是深信如果素清想來巴西，高先生會給她船票……

後來，素清千辛萬苦來到巴西，我才知道，不光是這次的旅費和生活費，過去七、八年，我寄出的生活費，堂哥從未轉交給我家一分；理髮師傅到了香港，也沒有去找過素清；高先生更沒有給素清買好船票。

回顧往事，有時我自己都不明白，爲什麼我會這麼信任他們，害素清吃那麼多苦，害得我們的團圓整整推遲了一年多。只能說，也許這就是命運對我們的考驗，注定我們的聚首需要漫長的十年。

輯二

白手起家

巴西在哪裏？是個怎樣的國度？一直到我離開香港，依然一無所悉。只知道那是一個坐四十五天船，就可以到達孩子父親所在的地方。

長科來了，一個人來了，我的委屈一下子煙消雲散。看著生命中至愛的兩個男人，心情和腳步都輕快起來。一路上，長科不停地自責，沒有漂亮話，沒有解釋，我知道我記憶中那個老實忠厚的小學徒還在……

往前走不要回頭

一九五三年六月三十日，人民政府根據全國解放後的新情況，頒布了《中華人民共和國土地改革法》，同年冬天，全面推動沒收地主土地的行動。我娘家被認定爲地主，打擊一波接一波，先是沒收財產，後來父親又進了監獄，兩年後才放出來。

這一切只是開始，土改、肅反、反資……一連串政治運動，父親因爲被扣上地主的帽子，一樣都沒能逃過。土地改革後，政府實施人民公社制度，每個人統一分配不同的工作。新政府大力宣傳婦女解放，我是村裏少數識字的婦女，居然有了選擇工作的機會。這一切都是父親對我的恩澤，可是身爲父親最心愛的女兒，我對他的不幸卻無能爲力。

由於看了太多農村婦女生產的不易，加上自己也經歷過九死一生的生產過程，我選擇去醫院學習當助產士。能擺脫田間勞作的辛苦，又有自己的收入，雖然微薄，但很有成就感。我將收入全數交予公婆，改善家裏的經濟，公婆、小叔和小姑對我的態度慢慢親和。

我非常珍惜這脫胎換骨的機會，用心學習，從不計較工作，和同事們相處融洽。每次接生後，產婦家人一定會給我一個紅包，若是男孩，紅包數目還會大一點。每次我都把未拆封的紅包交給指導醫生，她覺得我誠實、不貪心，特別欣賞我，常常和我分享這些紅包。

婦產科醫院院長見我獨來獨往，對我特別照顧。一日，院長單獨叫我到她的辦公室，一開口把我嚇了一跳：「小李啊，我很喜歡你，做我的兒媳婦怎麼樣？我兒子的太太早逝，他現在在兒童醫院做院長，三十出頭，比你大一些，年齡也挺合適。」

我趕緊向院長說明自己已經結婚，兒子六歲多，先生因爲在國外打工，還沒有回來。院長聽後，好心提醒我：「現在局勢不好，你先生還能回得了嗎？他在外面有再娶的機會，你還年輕，要爲自己打算啊！」

「我不會再嫁的，我不要永松叫別人爸爸。」我對院長說。

明白我的態度後，院長依然對我照顧有加，後來還收我做義女，並鼓勵我去找長科，她說：「等待絕對不是好辦法，他回不來，你可以去找他。」

院長的話啓發了我，我心裏漸漸有了出去找長科的想法。

另一個激發我去找長科的原因是松兒。松兒自小特別懂事，很會體恤別人，多年來我們相依爲命，感情非同一般母子。可是孩子大了，看到別的孩子逢年過節，父親會買衣服、買食物，而他的父親，一直以來只是黑白照片上一個高額圓臉的形象。

「爸爸怎麼不回來看我呢？」

每次松兒向我討爸爸，我便耐著心思將長科的家書拿出來，給他讀上幾封，告訴他爸爸在外工作，是爲了讓大家過好日子。

長科在外多年，家書中道盡他的種種經歷，我知道有多麼不易。我從未收到過家用，只好私底下節省花費，過年過節就給松兒買最好的鞋子、帽子，告訴他這是爸爸給他的禮物。

孩子好哄，我自己的心卻已經快被思念壓垮，我要帶著松兒去找爸爸。當我鼓起勇氣將自己的想法告訴公婆時，意外的是他們不但不反對，還設法幫我打聽出去的辦法。因爲要帶著松兒一起冒險，我雖有決心，行動上卻很遲疑；最後讓我邁出這一步的，還是我父親。

自從父親被扣上地主帽子後，爲了不牽累我，他就沒有再上過我家門，也堅決不要我回家看他們。同居一個城市，父女見面次數屈指可數。

一九五六年的農曆年底某一天，天色已黑，家人忙碌了一天，也都歇息了。我隱約聽到有人敲後院門，起來開門一看，是滿臉焦急憔悴的父親。

「素清，一定要逃出去，不管多難，一定要逃出去。」父親緊握住我的手，眼淚掉下來。

「爹爹就怕連累你受罪啊！」我要父親進門，父親拒絕。

父親是我在這個世界上最敬重的人，為了守住家業，一輩子沒能走出鄉村，施展抱負。政局的改變，家財盡散，原本受尊重的鄉紳，一下子成了人人喊打的「牛鬼蛇神」，達觀如父親，也深受打擊。夜色沒能掩蓋父親的悲傷，卻成為催促女兒上路的掩護。

深怕給我帶來麻煩，父親一刻不多留。望著父親轉身消失在夜幕中的背影，我心酸難耐，卻不敢發出一點聲響，怕給父親帶來麻煩。

隔天清醒，才發現這是一個夢，父親在農曆十一月二十四日已經去世了。

自從有了去找長科的念頭，我的生命彷彿充滿了希望，內心興奮極了！生平第一次感到自己的存在，生平第一次能決定自己的走向。我不再感覺疲倦，不再精神乾枯，不再孤獨無助；決心走出這個悲苦的家，不論走到天涯海角，也要和長科重逢。

出發前，我去揚州的觀音山求菩薩保佑。當時寺廟被破了「四舊」，僧人被要求還俗。廟宇空寂破敗，但我居然見到一位穿著打滿補丁百衲衣的老法師。老法師未等我開口，就慈祥地告訴我：

「施主，你只能向前走……你的丈夫沒有結婚……」我一驚，法師如何知道我的心思？心裏雖然疑惑，卻踏實許多，隨即發願：「弟子此去，如果順利平安，一定回來重修觀音山禪寺，替菩薩重裝金身。」

夕陽餘暉烘托著西天，霞光燦爛無比，我感覺整顆心都在高興地跳躍著，遠離我許久的笑容悄然在嘴角展露，眼前一切景物也散發著異樣的光芒，照亮了黑暗多年的世界。

一九五七年農曆三月，我帶著十塊人民幣，沒有通行證、沒有護照，親戚朋友湊了七十元給我。

臨行前，公婆堅持到我娘家去道歉，說他們沒有善待我，我卻幫助即將成人的小叔、小姑成家。離家容易回家難，公婆的意思大概是，我帶松兒一走，今後見面機會渺茫，彼此不要留下遺憾。

其實我心裏並沒有恨意，照顧弟弟、妹妹是長科臨行前，我答應他的。責任完成後，公婆能支持我去找長科，我心裏特別感激。

「爸爸媽媽，我一定會找到長科，一定會回來照顧你們。」

公婆將我和松兒送到鎮江火車站，塞給我十塊錢，一再叮囑我路上千萬小心，如果不成還是回來，再想辦法。九十塊錢，一個行囊，巴西在哪裏？旅費在哪裏？除了信念，我什麼都沒有，只知路在腳下。

那個時代的女人，大門不出，二門不邁，我自十九歲去上海和長科完婚，以後沒到過任何地方。心想只有聽天由命，走一步算一步，不能顧慮太多，想多了反而覺得困難重重，因而阻礙了腳步。

要去巴西得先去香港。到上海時，長科的堂姊李秀華聽說我要帶孩子去巴西，又給我三十元，支撐我的尋夫路。從上海到廣州，下了火車，我的口袋裏還剩十塊錢，找了最便宜的旅館住下。

當天夜裏，松兒突然發高燒，昏迷不醒，一度出現大小便失禁。孤身異鄉，我似失了魂，驚恐中，寸步不離守著松兒，熬過一夜。一早，旅館老闆娘余太太及時發現我的困境，趕緊將松兒送到醫院，診斷結果是急性腦膜炎，醫師說：「再遲點，神仙也救不了。」把我嚇壞了。

住院期間，我一句廣東話也不會說，還好有余太太幫忙。一個星期後松兒出院，正當我爲醫藥費發愁時，余太太一聲不響就幫忙結清了。後來，我和松兒又在旅館吃住了二十多天，余太太分文不肯要。

不但如此，余太太聽說我的經歷，還幫忙弄到了一張去澳門的通行證，建議我取道澳門，再設法到香港，應該容易些。

離開廣州那天，余太太一路送我們到碼頭。我不知如何用言語表達我的感激之情，只好一直重複說：「我會永遠記住你的，將來一定要報答你的恩情。」

余太太卻豪爽地笑說：「將來我會在哪裏誰知道呢？如果你將來好了，就去救濟落難的人吧！那就等於是報答我了。」說完，又塞給我一筆路費和一只金戒指：「留個紀念吧！」

我後來順利到了巴西，託人尋找余太太，想要歸還她的幫助，卻怎麼也找不到。

下決心放手一搏

有了通行證，從廣州到澳門一路順利。到了澳門，我四處打探去香港的門路，似乎只有偷渡一條。我必須去香港找到長科的堂哥，才能拿到路費，才能去巴西。

從澳門隔海東望即是香港。解放後，這裏還是葡萄牙人的殖民地，龍蛇混雜的地方，要找到蛇頭一點都不難。蛇頭開出的價碼是六百五十塊港幣，余太太給的資助是夠的，可是蛇頭說，大人和小孩必須分開走。大人走大人的，小孩好隱藏，隨其他路徑走。

完全陌生的環境，完全陌生的人，要我冒險沒關係，可要讓松兒跟我分開涉險，我怎麼也下不了決定，反倒是松兒出奇地勇敢，自己點頭同意跟蛇頭走。我，也就下定決心放手一搏了。

當天下午，我們一行十六人跟著帶路人出發了。因爲怕被發現，一路佝僂著身子，遇到樹木不夠豐茂的地方，只好貼在地上爬。穿過一片林子，來到了一處無人的海邊。當時夜幕低垂，每個人都狼狽不堪，身上到處是被樹枝刮傷的血痕。我很慶幸松兒沒有跟我一起走，孩子怎麼受得了這種苦。

幾近天黑，來了一艘裝滿蔬菜的小船。蛇頭挪開一些菜，揭開艙板，讓大家爬進去。十六個人擠作一堆，伸不開手腳，因爲害怕，一個也沒敢出聲。接著，就聽到艙板上被重新堆上東西的聲音。之後四周死寂，連呼吸都小心翼翼。

出發後，海上的浪更大，小船顛簸得更加厲害，沒多久，就有人開始吐了，接著無一倖免。艙內酸臭味沖天，似乎是天然催吐劑，很快我就沒有東西可吐，整個人癱軟地與其他同伴們倚靠著，心裏一直默念：

「菩薩保佑，菩薩保佑……」

好不容易挨到次日凌晨，蛇頭說船快靠岸了，大家要做好跳船準備。本來說船會在淺灘靠岸，我們跳下去時可以走上岸，可還沒來得及靠近，一陣狂風暴雨突至，小船抵擋不住風浪的打擊，一個大浪過來，瞬間翻船，全船的人都落入大海。

我水性不佳，不知道如何被人救起，等清醒時，得知十六個同伴中有八個葬身大海。

幸運地踏上香港的土地，我麻木地像個木頭人般，由蛇頭依地址將我送到妹妹的婆家。謝天謝地，永松已經提前安全到達了。看到永松的那一刻，我似乎重新找回了知覺，抱著他痛哭起來。

那日，我未等身體復原，便去找長科的堂哥李長華。按照長科信裏說的，他已經交給堂哥一筆錢，是我們母子在香港期間的生活費和到巴西的旅費。

「你不要去巴西了，我聽說長科在那邊已經另娶了，連孩子都有了。你去了也是白費心思，還不如待在香港，我可以幫你另外找個對象……」

滿心歡喜上門，迎接我的是當頭一盆冷水。堂哥一口咬定，長科只有來信，並沒有寄任何錢請他轉交。後面的話我沒有辦法再聽下去，失魂落魄地回到妹妹家，眼淚如開了閘門的水庫，傾洩而下。

妹妹聽了很氣憤，勸我乘早打消去巴西的念頭。一來那麼大筆的旅費，實在無法籌措，二來到了巴西，若長科眞的不認我們母子，我一個女人家孤身在那麼遠的地方，豈不是叫天不應叫地不靈。不如就在香港安頓下來，好壞還有幾個親戚可以依靠。

此時我已全無主張，連著幾天，完全無法思考，甚至想到放棄自己。八歲的永松比一般孩子懂事成熟，幾天來一直守在我身邊安靜地看書，我想他已經能大略明白大人們說的事態的嚴重性，安靜的臉上滿是擔憂的心思。

「至少要讓永松與父親見上一面。」我告訴自己。而且堂哥說的和長科信中說的都不一樣，我沒有親眼見到，就不足信。我要打工賺錢，自己籌措旅費去找長科。

我很快申請了香港居留，找到工作。妹妹爲了讓我少受點苦，已經開始幫我張羅婚事。在我全無覺察的情況下，將我介紹給一個大老闆，對方私下看過我，只等我點頭。我堅決不肯，妹妹覺得我死心眼，自找苦吃，心裏很不痛快。

後來我和永松搬出來，在九龍找了一間小小的房子，幸虧表姊蕭翠英和表姊夫李正義一直照顧我，才讓我度過了剛開始的那段苦日子。

稍稍安頓後，我滿懷希望給長科寫了一封信，說明我們在香港的近況和去巴西的決心。那個時候，巴西香港來回一封信要三個月，翹首等待的日子裏，我無數次夢到長科來信對我的鼓勵和對團聚的期待。信來了，小心翼翼打開，沒有問候，沒有鼓勵，當頭映入眼簾的就是：「你們母子倆暫時留在香港，不要來……」

一句話將我推進了冰窟窿，兩眼昏花，信上諸如：「我在巴西生活艱苦，生意不好做，向人借了很多錢……」等解釋之語，都變成我眼中的藉口。他不給我們旅費和生活費就罷了，還叫我們不要去，難道長科眞的不顧夫妻情，難道他眞的連親生兒子都不要了？

氣憤之餘激起我的決心，我要把永松帶到他跟前，親口聽他說，是不是不要我們母子了。回信時，我告訴長科，無論他怎麼想，我都會去巴西。

我更努力地賺錢。白天，到處給人打零工，洗碗、打掃、抄寫，晚上又拿代工回家做。除了睡覺和吃飯，我沒有一分鐘閒下來，努力存下每一分錢。可是無論我怎麼打工，去巴西的旅費還是個天文數字，巴西之行變得飄渺無期。

一次偶然的機會，我坐船從九龍到香港本島，一位穿著很有派頭的先生坐到我旁邊，一開口就問我是小姐還是太太。我以爲是普通搭話，並不很熱心地回答：「是太太。」

沒想到這位先生聽了我的回答，異常興奮地說：「我看你就像是大陸來的，聽口音好像還是揚州人吧？太好了，沒想到在船上還能遇到個老鄉。」

萬里遇鄉音，我也覺得親切起來。他說自己姓黃，開貿易公司，還給我一張名片，告訴我如果有什麼困難，可以直接去找他。

後來和朋友偶然說起，才發現這位叫黃煥芝的先生，在同來香港的上海人、揚州人圈子裏很有口碑。很多人來往的手續，遇到的難事，都是他幫忙擺平的。我要去巴西，朋友說，找他可能有希望。

畢竟只是一面之緣，我不太敢去找。過了一個月，實在沒有別的辦法，表姊建議我去碰碰運氣。

那天，表姊陪我照名片上的地址一路找去，門房看我們舊衣破褲，把我們擋在門外。我拿出黃先生的名片，門房打電話上去，沒想到黃先生就讓我們進去了。見了面，黃先生聽我們說明來意，客氣地跟我們說：「對不起，今天要開會，你們隔一天再來。」

隔天鼓起勇氣再去時，完全不抱一絲希望。沒想到才坐下來，黃先生就讓我把居留證、照片、地址、小孩子的照片等一起備齊交給他，他會幫我們拿到澳門去辦臺灣的護照，然後再申請臺灣的簽證。

一切都是那麼意外。再見到黃先生時，我拿到了兩本臺灣護照，我用臺灣護照順利取得巴西的簽證。爲了感謝黃先生的幫助，我提出想請黃先生和他太太吃個飯，黃先生一口答應。我與黃太太一見面就十分投緣，聽了我的遭遇，黃太太抱著我說，要幫我早日去巴西與先生團聚。

在黃太太的牽線下，幾位香港太太紛紛資助我。他們沒有人問我要何時還、怎麼還。我告訴自己，是他們不求回報的幫助，才讓我能夠去追求一個不可知的希望。未來只要我有能力，也當盡力助人。

在她們的協助下，我籌到八千五百港幣的資金，這筆錢在當時的香港，都夠買一棟小樓了。支付了船費，還剩下四千多，我心想長科在巴西做餐館，一定需要南北貨，預留一小部分路途開支外，剩下的錢都拿去買南北貨，打包了整整三十二件行李。

買好船票，我又給長科寫了信，還沒收到回信，我和松兒已上路。

一別三千個日子

巴西在哪裏？是個怎樣的國度？一直到我離開香港，依然一無所悉。只知道那是一個坐四十五天船，就可以到達孩子父親所在的地方。

出發那天，親友和黃先生一家到碼頭送我們，妹妹一路紅著眼眶。望著六、七層樓高的輪船，離別的憂傷夾雜著好奇和緊張，汽笛聲響起時，我才意識到自己眞的要開始這趟行程。三千多個日子的等待，終於快到終點了。

我訂的是靠近引擎的三等艙艙位，四個人一個房間，有個無法打開的玻璃圓窗。海上的月色透亮，永松興奮了一天，已經睡得香甜。船到新加坡的時候，我給長科寄了封信，報了平安。

航程繼續，我暈船極爲嚴重，只要有風，就會撕心裂肺地嘔吐。身體支撐不住，精神也是迷亂的，關於前途的種種假設，一直在我心頭翻滾。長科會不會來接我們？這些年他在外見了那麼多世面，會不會看不起我這個鄉下老婆？如果他眞的已經另娶，我該怎麼辦……心緒配合著海浪般起起伏伏。

永松一點暈船反應也沒有，經常一個人跑到船上各處玩耍。只要發現新奇的事兒，就會跑回來，跟我說個沒完。

有一天，永松吃過晚飯後跑得不見人影，附近艙房也找不到，該睡覺了，這孩子皮到哪兒去了？急急忙忙地跑去甲板找他，只見一片漆黑，恐怖可怕、大難壓境似的黑。心情一沈，感覺不好的預兆，永松不會出事了吧！還是長科有變化？我用力搖頭，不敢再往下想，往他可能會去的地方一一尋去。我跑回艙房看看，此時，永松已回來，趴著窗邊。我這才舒坦了一口氣。

難得遇到風平浪靜的好天氣，大船四平八穩地行駛著，我沒有暈船，信步走到甲板上，呼吸新鮮的空氣，海風輕輕地吹拂著，舒適極了。只見海天一色，浩瀚無垠，我這才了解到什麼叫無邊無際？什麼叫天地之大？什麼叫奔放自由！佇立在甲板上，看得出神，看得忘我，心情無比舒暢，說不出的解脫。

海能容納百川大河，即使狂濤駭浪，也會在大海包容下趨於平靜。我驚訝於大海的胸襟，徹悟自己以前的閉塞，發願今後的人生道路不論有多坎坷，世事變化有多險惡，我都要用大海的胸襟去面對，用大海的深度智慧去克服。

還有兩天，船就要抵達里約。「如果長科不承認我與他的夫妻關係，我倆就做兄妹。」大海的開闊一下子打開我鬱結的心緒，只要長科能認永松，只要永松能見到父親，我可以離開，可以自力更生。

給自己做好心理建設，做了最壞打算，我心裏倒變得平靜些。婚後一別已經十年，平時只有通信，訴說的也都是家務瑣事兒，我與長科對彼此的性情，都還是陌生。

「快要見到爸爸了，快要見到爸爸了。」

碼頭上，密密麻麻都是來接人的。船靠岸了，天眞的松兒緊緊拉著我的手，一遍遍地問我，認不認得出爸爸？

船上附設的理髮廳的理髮師傅臧德福也是揚州人，他在船上服務多年，當初長科去巴西，也是坐這艘船。臧師傅一直安慰我，別相信別人說的，要相信長科。下船時，他也陪著我們。

碼頭上的人愈來愈少，松兒的小手緊緊、緊緊地拉著我的手。即使做了最壞的打算，我還是無法壓制從心中冒出的恐懼感，身體開始打顫。

「爸爸爲什麼沒有來接我們？」時間一分一秒過去，松兒瘦瘦的小臉愈來愈垮。

「不要急，再等等，再等等。」安慰著松兒，我也安慰著自己。

「大嫂，你是李長科的太太嗎？這是他的兒子嗎？」一對中年華人男女匆匆走到我們跟前。

「是的。」我應著。

「大嫂辛苦了，我姓韋，是長科的朋友，他託我們來找你們。」韋先生滿頭大汗，忙著拱手道歉，解釋說因爲路上堵車，他們遲到了。

「大嫂先到我家坐坐，吃頓飯休息休息。」穿著亮麗的韋太太適時上前拉著我的手。

還沒回過神，我和松兒已經被韋先生、韋太太帶上車。一路上，韋先生隻字不提長科的情況。韋太太問我關於行程的種種，眼中盡是滿滿的同情和憐憫。我幾乎就下了結論，看來長科不來，是眞有了家庭，不方便來了。

車子在一處小巷停下，一幢白色平房，門前是一簇玫瑰色的九重葛。坐在韋家敞亮的客廳內，韋太太爲我倒茶、端點心，韋先生忙著開冷氣。離開香港時已是深秋，漂洋過海轉了一圈，居然到了另一個炎夏。

四十五天的顛簸，一登陸，我的身子和腦子似乎都還在搖擺，加上眼前正在發生的一切，迷茫中，我竟說不出一句客套話來。

永松大概是餓了，津津有味地吃著韋太太拿來的薯片，喝著可樂。父親，這麼多年來，都只是一個名字加一張照片。今天見不到的失望，有新東西來填補，也就放下了。

韋先生滿臉笑容在我旁邊的單人沙發坐下，開口安慰我說：「不要心急，吃過晚飯，我送你們去搭船，明早就可以到聖多士（Santos）了。」

「韋先生，長科爲什麼不來接我們？」悶在心中的問題，此時終於脫口而出。

「嗯，長科兄弟工作忙，少請一天假總比多請一天假好啊！」韋先生輕描淡寫地回答，似乎對我的心急視而不見。

此時，韋太太從屋裏走出來，劈頭就是一句：「他一定是爲籌備婚禮忙著呢！」

「要鎮定，要鎮定。」韋太太的話讓我眼前一黑，身體緊貼著椅背才沒有暈過去。憶起在香港時堂哥的警告，更加確信這就是我一路千辛萬苦所能得到的結果了。

「沒關係，沒關係，不是已經做好最壞的打算了嗎？不能暈倒，不能失禮。」我一遍遍地給自己打氣，平復了一下心情，深吸了一口氣回答道：「我來就是看看長科，那正好，可以參加他的婚禮了。」

韋先生瞪了韋太太一眼說：「長科兄弟眞有福氣，嫂子識大體，有胸襟……」他還說什麼，我漸漸就聽不見了。

一夜輾轉，船不知不覺已經抵達了聖多士，走廊上的腳步太匆匆，松兒催促我趕緊收拾行李下船。長科會不會來接我？長科會不會帶著他的新夫人一起來？我該怎麼辦？勉強打起精神收拾著東西，如潮的思緒已經快壓垮我的神經。

收拾完行李，出艙前，我幾乎已經做好準備，將松兒交給長科後，我就自己回香港。可想到從此就要與相依爲命多年的松兒分別，又是揪心的酸楚。

到了走廊，擁擠的人群挾著我們上了舷梯，下了船。碼頭上亂糟糟的人群，帶著大斗笠的當地人，忙著兜售各式小玩意兒，說著我一字兒不懂的話語。

我虛弱地邁著步子，永松急急地走在我的前頭，生怕與他走散了，我吃力地追隨著他的人影，不知不覺就到了海關。

排隊打預防針的時候，我遠遠瞧見了長科，國字臉、濃眉毛、圓眼睛。十年了，這個人影一直在我心裏，如今眞眞切切在我眼前了。

「爸爸來了。」我拍拍松兒的肩膀，指著長科的位置，孩子迫不及待地試著擠過人群要到父親那邊去。長科也發現了我們，不住地揮著手要往人群前面擠。

「素清！」長科寬厚的臂膀一把將我攬入懷中。疑慮消散，累積了十年的思念和委屈，都化作了淚水，似乎要一次就流盡了才好。這是我第一次看到長科哭，我也哭，哭著哭著，我們都會心地笑了起來，這時才想起松兒還在旁邊。

「我把兒子交還給你了。」我將松兒的手交到長科手中。

「我的兒子。」長科哭著抱住了永松，還差九天就要九歲的松兒，此時也哭了起來。

「素清，我對不起你們，讓你們吃了這麼多苦。」

「素清，今後我不會再離開你們了。」

長科來了，一個人來了，我的委屈一下子煙消雲散。看著生命中至愛的兩個男人，心情和腳步都輕快起來。一路上，長科不停地自責，沒有漂亮話，沒有解釋，我知道我記憶中那個老實忠厚的小學徒還在，一切都是值得的。

夫妻同心從頭拚

素清到巴西時是一九五九年夏天，那時我的狀況非常糟糕。在巴西四年，辛辛苦苦積攢的錢都投在國泰飯店，卻始終拿不到分紅，也沒有工資。

國泰飯店在聖保羅的市中心，有六百多個座位，飯店後面的停車場，有一棟職工宿舍，同時兼飯店的雜物間。我的宿舍在二樓，小小一間。因爲知道素清要來，臨時將單人床換成了雙人床，還有一張自己拼湊的小木桌和兩張鐵椅子。

當天接素清和松兒到宿舍，來不及安頓好他們母子，我就去上工了。飯店的生意很好，可是我一邊在後廚沒日沒夜地忙，一邊還要應付不停上門的債主，每天都如熱鍋臺上的螞蟻。

那天，要債的又來了，高先生還是推脫。我氣呼呼地回到宿舍已是深夜，發現素清已經將小小的宿舍整理一新。「家」這個字出現在我的腦海裏，心裏似有暖流淌過，可又異常酸楚。

她等了十年，漂洋過海來與我團聚，我卻不能給她一個好生活。我不知如何開口向素清訴說境況，只好悶悶地坐著發愁。

「怎麼了？有什麼事，我們可以商量。」素清打破沈默。

我將飯店情況和盤托出，素清問我有沒有合約，這我從來沒想過；又問我股東名冊有沒有我的名字，我更一頭霧水。素清一問，我才如夢初醒，他們合夥給我設圈套，當然不可能給我分紅。可是，借據都是白紙黑字寫我的名字，債主當然找我。

「都是同鄉，還帶著親戚關係，自己人爲什麼要欺負自己人。砍死他們拉倒！」心中怒火直往上竄，我這脾氣一觸即發。

素清耐心勸我：「我們勢單力薄，他們是合夥一群，不能與他們硬拚，我們要想辦法遠離這些人。」素清勸我吃虧就吃虧了，不要再跟他們計較，離開國泰飯店，另謀出路。

「這可是一萬多美金呀！」雖然我知道在國泰飯店待著，也看不到出頭的日子，可是就此放棄力爭，這巨額的債務，何年才能還得完？

「別擔心，我們一起想辦法，天無絕人之路。」素清的話讓我放下怨氣。

租了房子、辦好生活用品，我口袋裏的錢已經不夠買一袋大米，還好素清帶來大量南北貨，賣給同業後，不但迅速寄還黃太太等人的資助，還支撐了一段期間的生活開支。

我曾在國泰飯店教過日本僑民做菜。有一天，突然想到有位日本老和尚曾來國泰飯店吃飯，我與老和尚談得很投緣，還請他吃炒飯。老和尚給我一張名片，邀我去寺廟開班授課；然而此時，我卻怎麼找也找不到他的名片。

連著幾日，素清看我在家裏走來走去，鼓勵我出去轉轉，沒想到我一出門就遇到老和尚。

他很同情我的遭遇，邀我去他所在的白雲寺開烹飪班。白雲寺位於聖保羅市西面山麓，環境清幽，是個靜修的好地方，在巴西各大城市設有六所佛教學校，更有許多聯絡點。

第二天，法師交給我一整個月的行程，都是日本人比較多的廟宇，廟宇裏設有婦女會，我可以在婦女會教做菜。

當天我收拾一個小箱子，帶上鍋鏟、蒸籠、刀、調味料等就出發了。一個月下來，坐長途巴士輪流到法師安排的廟宇上課，一站接一站，間隔約三、四個小時，每天教三個班，報名人數很多，收到學費就直接塞進箱子裏。一個月後回家，居然有幾千美金。我索性找了個房子，辦起烹飪學校，學生愈教愈多。

後來，發現市面上沒有一本完整的中國菜食譜，我覺得這是個商機，便找來幾個婦女，有人會説寫葡萄牙語，有人會説寫日文。我跟她們約定，每天教她們兩道菜，不收學費，條件是她們要幫我把做菜的步驟和原料，用葡萄牙文和日文寫下來。

一個月後，我手上就有了手寫的葡萄牙文和日文的菜譜。找到出版社，製作成書，各印了兩千本，每本定價五美元，居然很快就銷售一空，賺了幾千美金。因爲需求旺盛，後來還陸續印刷了幾次。

一年之後，我們非但還清所有債務，手上還有些許積蓄。

烹飪班的生意不錯，競爭對手也愈來愈多，我開始琢磨著轉行，那時老二永立已經出生。做菜是我唯一擅長的事情，擁有飯店一直是我和素清的夢想。素清説起「寧爲雞首，莫爲牛後」這句俗諺，覺得我們應該自立，即使從一小間店、一個小攤子做起也好，做多賺多，所有收入歸自己管，唯有自己作老闆，錢才留得住，生活才會安定下來。

此時，有個姓袁的廣州人找上門來，提出要跟我合夥開飯店，名字叫東方飯店。

我們談好合夥條件，雙方各出一半資金，他負責店面，我負責廚房，賺的錢兩人對半分。我和素清商量後覺得條件合理，便答應了。袁先生要我把廚房用具和家裏家具都搬過去，直接在飯店吃住。我不疑有他，將東西搬過去，把一半資金交給袁先生，就等著飯店開張當老闆。

沒想到有個晚上，袁先生再次跟我們談飯店合作事宜，態度卻大轉彎，説飯店是他的，我只能管廚房，沒有合約，只能聽他的。又上當了，我氣急了，要跟袁先生拚命，素清一把拉住我：「你知道他的黑道朋友多，我們如何跟他鬥？我們有孩子，還是退出來好。」我的火爆脾氣又被壓下來。素清來到巴西後，夫妻倆常常一起商量計算，每件事都經過周詳考慮，自比我獨自一人、勢孤力薄時好得多了。

我們用僅剩的積蓄，在市場旁邊開了一間大排檔，幾張小桌子，我主廚，素清一個人在外面招呼。此時，我已經來巴西快六年了，勉強可以應付葡語基本對話，可是素清才來一年多，葡語是跟我這個半吊子學的，眞不知她是如何招待客人的。

大排檔的生意愈來愈好，但我們小本經營，裏裏外外全靠自己忙。素清除了店裏的事，還要照顧兩個孩子，一天常常睡不到四、五個小時。沒多久，她又懷了第三個孩子，更加吃力，我看著心疼，想要分擔，但自己也是忙得沒日沒夜。

直到一九六一年三子永基出生後，我們請了保母來幫忙照顧小孩，素清才稍稍得以喘息。

經營飯店多波折

做大排檔存了一點錢，一九六二年，我們從上海人朱光頭手中頂下一家飯店。飯店重新開張，改名天津飯店。我滿心歡喜，覺得一直想做老闆的願望終於達成了。轉眼就是新年，一家人沈浸在新年新氣象的興奮中。

爲了節省開支，起先飯店只擺了六張桌子，請了一個廚房幫手和一個侍者，打掃、進貨、搬貨等雜事，還是要我和素清自己來。我一樣管廚房，素清負責招呼客人。

才十二歲的永松已經開始幫我們管帳。與永松相差十歲的老二永立剛好處在到處亂跑的年紀，老三永基不到一歲，保母一個人照顧不過來，我常背著他燒菜。

剛開始生意不是特別好，我還是乘下午時間教人做菜。雖然辛苦，一家人總算有了固定居所，心裏十分滿足。

沒想到過了幾天，朱先生帶了幾個日本人、巴西人上門鬧事，硬說這間飯店是他們的，威脅我們不搬出去就要動粗。我自認學過功夫，與三、四個人交手不成問題，想要硬碰硬。素清一旁示意我不要衝動，與他們好好商量，給我們幾天時間。

有了前兩次經驗，這次我們所有手續都辦得清清楚楚，如果告上法庭，我們並不怕，可是朱先生帶著地痞流氓來胡鬧，飯店沒辦法正常經營，也無法講道理。

我突然想到奧利菲斯——聖保羅市的警察局局長，是永立和永基的義父，趕緊請他過來，總算躲過一劫。

說起與奧利菲斯的緣分，也是十分神奇。事發前幾個月，奧利菲斯帶著人來飯店檢查。那天恰巧我不在，永立和永基在家，看著陌生人上門也不怕，撲上去抱住奧利菲斯的腿。

奧利菲斯年輕時受過傷，只有一條手臂，初看有幾分兇相，估計平時沒人敢輕易靠近，如今被兩個孩子全無設防地親近，很是興奮，把他們兩個又親又抱的，嘰里咕嚕說了一大堆話，孩子們被逗笑了，他更是高興。

臨走前，奧利菲斯說了一堆話，素清沒有領會全部意思，他於是留下名片，讓我第二天去找他。

我的葡語也不是很好，奧利菲斯找來一位日本律師當翻譯，此時我才知道他是警察局長。談完公事，奧利菲斯讓律師問我，他很喜歡孩子，能不能把兩個孩子中的永基送給他撫養。我告訴奧利菲斯，中國人家庭觀念很重，送孩子不行，但是如果他真心喜歡，可以當他們的義父，奧利菲斯爽快地答應了。

第一次危機化解了，可是奧利菲斯畢竟不能每天都來。朱光頭還是時常找流氓來搗亂，有時吃霸王餐，有時故意掀翻桌椅，飯店生意大受影響。爲了生計，我依舊到處教人做菜。東奔西跑時，我發現有一個叫普里斯提的地方沒有中餐館，回來與素清商量後，我們便結束天津飯店，搬到普里斯提重新開始。

爲了找到合適的店面同時維持生計，我重新做起走街小販的生意，家當全寄放在一所寺院裏。半個月後，朱光頭發現我們把東西搬走了，竟到聖保羅的一個警察分局舉報我偷東西，分局派了兩個警察到普里斯提來抓我，帶回普里斯提當地的警察局審問。

到了警察局，了解事情還是與朱光頭有關係，就打電話讓素清把合同送來警察局。因爲我戴著一只勞力士手錶，不像小偷。警察也是納悶，問我與朱光頭是否有過節？我拿出合同，將事情來龍去脈說了一下。

我的葡語不太流利，警察聽得似懂非懂，但合同他能看懂。看著看著，警察發現合同上有奧利菲斯的簽名。他問奧利菲斯是誰？我說是我孩子的教父，為這份合同作證的。警察還有些疑惑，恰巧律師趕到了，可以順暢交流。

原來這位警察是奧利菲斯的老部下，一聽說我們和奧利菲斯關係匪淺，也樂意做人情，但因爲有拘捕令，他不好直接放人，只是作勢說，既然東西是在聖保羅丟的，那還是回聖保羅去處理吧！

於是，當天我又被帶回聖保羅的警察分局。律師聯繫了奧利菲斯，奧利菲斯已提前接到老同事的電話。第二天中午，奧利菲斯趕到了分局，分局局長一看是總局局長來了，二話不說，一再保證，剩下的事情由他們處理就好。

托奧利菲斯的福，生活終於又恢復了平靜。不久後，我們在普里斯提的飯店開張了，定名爲「四海飯店」。

員工犯錯不重責

四海飯店生意十分興隆。一九六九年，永松已經十九歲了，次子永立九歲，三子永基八歲，四子永定五歲，我們即將迎來第五個孩子。

這一年，永松申請到了美國加州科斯塔梅薩（Costa Mesa）社區大學學習的機會，全家都很高興。

永松和其他幾個孩子不同，他與我一同到巴西與長科團聚時已經九歲，一句葡語都不懂，但他聰明勤奮好學，很快克服了語言上的困難。在學校，他是老師們喜愛、同學們敬佩的好學生；他在家中是個好幫手、弟弟們的小老師。

他的個性一方面受我的影響——隨和、敦厚，但他又有長科不畏艱難的冒險精神。他很嚮往美國先進的科技、富裕開放的民主社會，他認爲美國是世界的舞臺，他想趁年輕多拓展視野。

長科個性好動想法多，在巴西那幾年，身邊不少與他相熟的朋友去了美國，長科也動了心思。爲了探路，一九六六年到一九六七年期間，先後兩次前往美國洛杉磯考察市場，利用簽證周期，在當地的上海雙龍飯店當了十個月廚師。

這次永松要到美國念書，長科希望可以和永松同行，一方面照顧兒子，一方面探探美國的餐飲市場。

永松從小與我相依爲命，是我最艱苦歲月裏的唯一寄託，與我最親近，捨不得也不放心。但孩子大了，有自己的夢想，我不能因爲自己的牽掛，絆住他的腳步。思前想後，覺得讓長科和永松一同去美國，不失爲一個好方法。

此後六年，我和長科隔著加勒比海，一起展開新的奮鬥。

我一肩挑起經營四海飯店的重任。長科到美國之前，我希望他辭退店裏的所有員工，或者把廚房裏的幾個師傅、幫廚一起帶走。長科十分不解，不肯鬆口。「你到美國不是一天、兩天，現在店裏的師傅和工人，年齡都和我差不多，你走了，他們難保不爲難我。」最後長科同意，幫店裏的老員工做了妥善的安排，有些給了遣散費，有些介紹新工作，四海飯店則按照我的設想，重整開業。

四海飯店兩層樓，有一百八十個座位，需要的人手不少。重新起步的四海飯店，我只招募二十歲左右的員工、和永松差不多大的年輕人，我將以母親的身分來與他們相處。

遇到工人有什麼高興的事，如生日、結婚、添丁，或遇到困難，我都會拿錢出來給他們助興，或幫他們度過難關。有時孩子們會問我爲什麼這樣做？我的回答很簡單：「你想想爸爸媽媽的經歷就不難明白了。工人們雖然都是本地人，不像爸爸媽媽那樣飄洋過海，但他們也是爲了生活才出來工作，如果他們都很有錢，還會給別人打工嗎？在這個世界上，賺錢不容易，他們這樣年齡，本來應該去讀書，媽媽難道不應該像對自己兒子一樣對待他們嗎？」

年輕人犯錯是難免的，但我告訴自己不能當眾指責他們，也不准別人指責他們；遇到孩子們有困難，我希望自己是第一個幫助他們的人。

有個日本廚師的中文名字叫李歐，跟永松同年，很聰明，做事也很有方法。有段時間，接連有孩子向我報告李歐常偷拿店裏的東西轉賣，他們不願意和「小偷」一起工作，希望我能解僱他。

這關係到孩子的名譽，而且我不願隨意解僱人。我想大概事出有因，便挑了個早打烊的日子，將他單獨喚到一邊。正往外走的他，一聽到我的呼喊，已滿臉緊張陰沈。

「你家裏有什麼人啊？」我試著與他話家常。

原來，李歐家裏有姊姊和弟妹六人，因爲父親在農場工作，不能常回家，母親身體不佳，照顧弟弟、妹妹的責任，要他和姊姊分擔，家中的經濟狀況一直較拮据。揣著怕被開除的心思，李歐的面色愈說愈羞紅，看著這張年輕卻沈重的面孔，我很心疼。

「你們都有一技之長，到哪裏都能找到工作，李歐沒有技能，如今犯了錯，人家更不敢用他，我必須留下他。如果大家不能和他一起工作，我只好不留大家了。」與李歐聊完，我將店裏的伙計都喊到一塊兒。

李歐聽完就大哭起來：「大家都別走！是我對不起李媽媽，我保證以後再也不拿李媽媽的東西了。」

此後多年，李歐一直是四海飯店最賣力的員工，對自己的家庭也十分照顧。每次刮風下雨，擔心他們在路上發生危險，都會跟我請假去接送弟弟、妹妹，把弟弟、妹妹送到家後，又匆匆趕回來賣力工作。

我把這些二十歲左右的工人看成自己的兒女，他們也把我看作自己的媽媽。人心是肉做的，你對別人好，眞誠相處，別人也會對你好，更會敬重你。我從小在祖母身邊，深受祖母影響，她待人寬厚，關懷家中下人，同情窮人及弱小，逢年過節賞給工人們不少吃的、穿的、用的。她是虔誠的佛教徒，每回去寺廟上香，身上準備了不少錢，隨時分給路邊或廟前的乞丐或老弱幼小。她對大家好，大家也會替她著想。

自從我重新整頓管理後，飯店的生意蒸蒸日上，大家都敬我爲能幹而又充滿溫情的老闆娘。後來事實證明我的見解很正確，直到一九七五年我離開巴西到美國，我所招聘的二十八名工人沒有一個離開，餐館實際上是靠他們支撐的。在我臨行前，工人們流著眼淚送行，有幾個年齡最小的依依不捨地喊著媽媽，要跟我到美國去。那種情景，如今數十年後仍歷歷在目。

輯三

美國圓夢

「家族事業的成功，不在於顯赫的成就，而是與兄長們共事愉快，大家都可以相互信任，每個晚上都可以安枕無憂。」永達在全美連鎖餐廳座談會，分享他如何將家族事業發展成為多元化經營的企業時這麼說。「讓父母看見一家人和諧，讓他們放心，是我努力要做的事。」

歡福每年固定捐款，支持社區慈善活動，幫助殘障人士，參加各種慈善籌款會……

赴美打工辦綠卡

一九六九年，我陪永松到了美國，剛開始是在好萊塢的一間中國餐館打工。兩年後，一位付先生邀我一同開飯店，雙方各出一半費用，我主廚、他管帳，飯店取名「頂好」。

飯店生意很好，在當時的好萊塢很具規模，往來客人都是明星，帳面每月都有超過萬元美金的盈餘。付先生不肯給我分紅，但他答應要幫我辦綠卡；然而日子一久，綠卡遲遲沒拿到，我開始沈不住氣。

素清勸我不可爭吵，一切等拿到綠卡再說。永松遺傳了素清的沈著理智，也勸我腳步還站不穩前，絕不要和人鬥，否則會吃虧。我雖在江湖上打拚多年，但仍不得不佩服兒子的鎮定和遠見。

一九七一年二月，洛杉磯發生了大地震，飯店租用的房子被震壞。

房東也在地震中傷亡，房子被銀行接管。銀行提出房子不再修理，可以降價賣給我們。付先生提議和我合資，一起把房子買下來，我同意了。

我們以為房子要十幾萬美金，結果只要三萬。付先生一聽便撇開我，自己將房子買下來。我愈發覺得付先生不可靠，有另起爐灶的打算。因為地震，頂好飯店停業整修，我去了同城的順圓飯店幫廚。

因為綠卡始終沒有著落，我心裏很著急。某日，有朋友一行四人去移民局，他們英文好，我想請他們幫忙打聽一下，便跟去了。印象特別深刻，辦理綠卡業務的辦公室，在移民局的八樓，很長的走廊，暗暗的。

我抱著朋友的孩子在走廊裏，有個美國人搖搖晃晃地走到我們跟前，看到小孩子，停下來逗孩子開心，順帶問我們要做什麼？我說我要辦綠卡，資料都齊全了，就是拿不到。陌生人隨手拿了張紙，寫了個便條，指了個房間讓我去裏頭找人。

房間裏一個很兇的黑人婦女，對我的詢問完全不搭理。我請朋友的太太幫忙翻譯，黑人婦女一看到紙條，馬上讓我們坐下。查詢之後發現資料俱全，只差一張照片。我記得是放了照片進去的，便在資料袋裏翻找了一下，原來照片夾在文件最後。

一週後，我收到移民局的包裹，果然綠卡在裏面了。那是一九七二年，白等那麼多日子，還是吃了沒有文化、英文差的虧。這件事更加堅定了我要讓孩子們都接受最好的教育的信念。

拿到綠卡，我第一時間告訴了永松。永松做事沈穩有主意，他建議我不要聲張，可以直接跟付先生談，就説什麼都不要，只要本錢拿回來就好，然後再規畫以後的生計。付先生不相信我真的只要本錢，特意找了兩個人做證人，簽字後才給我支票。

拿回本錢後，下一步就是找合適的店面。永松英文好，腦子也活絡。利用課餘時間，駕著一輛二手的破豐田，對照著報紙廣告，在科斯塔梅薩的各個街道尋找店面。本錢有限，一切都要精打細算。

中國菜打響名聲

幾個月後，我們在新港市（Newport Beach）的旅遊勝地巴布亞（Balboa）找到了一家正要出售的墨西哥餐廳。餐廳的設施不錯，廚房很大，我心裏很滿意。房東夫婦正在打離婚官司，房東太太一個人撐不下去，便誠心出售，開價十萬八千美金。

巴布亞是個小島，四周圍全是海，也是旅遊勝地。島上房屋密集，外觀都很講究，街道很窄，主街兩旁是別緻的小店，傍晚時遊客如織。因爲氣候適宜，每家院子裏整年都能看到繁花爭豔。

小島上的居民，商賈名流甚多。永松和我都十分鍾意，問題是十萬八千美金可不是小數目，投資是有風險的。當時永松已經申請到加州大學洛杉磯分校（UCLA）法律系，即將在秋季入學，身邊眞是一個幫手也沒有。

「爸爸，我要是有錢一定買！」永松很有眼光，他看中的是島上富裕的居民和往來頻繁的遊客。看到我的顧慮，貼心的他決定休學一年，幫助我把飯店開起來再入學。一切商量妥當，我便回到巴西籌款，後續的事情都交給了永松打理。

二十天後，我在巴西接到永松的電話，飯店以九萬八千美金成交，一切手續已經完備，鬥志昂揚，立刻買了第二天回美國的機票，但卻差點「壯志未酬身先死」。

當時要從巴西的家到加州，需要先到里約轉機。轉機用的都是小飛機，起飛時風雨很大，顛簸得厲害，降落前，得知前一架飛機降落時損壞了跑道，加上天氣太糟糕，便緊急降落在聖保羅。

我沒有在約定時間降落，姪孫聽聞有飛機出了事，急忙告訴素清，說我的飛機掉下來了，把素清嚇壞了，還好第二天飛機順利飛抵洛杉磯。

永松天生有股親和力，從小就極有人緣。裝修時，他找了一群朋友來幫忙，年輕人不怕苦不怕累，很多裝修材料都是他們從外頭撿來廢物再利用。門口豔紅的柚木門柱，特別惹眼。店堂裏屏風、宮燈、壁櫥，處處見中式古意；進門照壁處一口大魚缸，聚財又添禪意，所有的設計都是永松親自操刀。

別緻的風格，在裝修期間就引來周圍居民的好奇目光。永松點子多，在門口放了一張小桌子、一本本子和一支筆，請路人留下姓名和地址，開張當天將邀請他們來吃飯。

也是好事多磨，開業前又有個小波折，到衛生局申請執照，開始是委託當地一位老會計辦理，辦到一半，老先生故去了，永松接手處理，卻遇到各種刁難，最後是透過投訴，才順利辦下來。

整個過程中，永松的表現著實讓我佩服，飯店能開起來，永松功不可沒。最後，我和素清決定將飯店定名爲松園，以表彰永松的出色表現。

開張那天，永松在當地報紙上刊登了大幅廣告，依照留言本上的地址、姓名，寄出一百多份請柬。

傍晚五點開始，來客絡繹不絕，我們提供免費的自助餐和香檳，十道我拿手的菜餚，不停地補給。永松和朋友們忙進忙出招待賓客，忙了整個晚上。小小的開業晚宴，爲松園累積了好口碑。

松園只有六十多個座位，規模不算大，卻是附近十公里範圍內唯一的中餐館。開業之初，我負責廚房，永松負責店堂的管理。年輕人的思維確實不一般，除了爲餐廳設計了精美菜單，還經常向顧客介紹中國餐飲文化，大大引起了食客們的興趣。開業沒多久，松園的營收穩穩地介於一個月八千至一萬美元之間，經營逐步走上正軌。

一九七二年，永松休學一年期滿，卻依然堅持白天讀書，晚上來幫忙。一九七三年，一個偶然的機會，爲松園帶來了揚名加州的機會。

松園對面有一家專賣高檔服飾的商店，那天下午，美國著名的西部片明星約翰・韋恩（John Wayne）到這家店購置衣服。明星出現，吸引了很多人圍觀。我正在廚房忙，聽到外面鬧哄哄的，出來看看發生了什麼事兒。

我不知道約翰・韋恩是誰，只聽店裏服務生都很激動，說是超級巨星，要是能夠請到店裏來就好了。我一想，對呀，爲什麼不能把明星請過來呢？外國人很尊重大廚，我回到後廚，戴了廚師帽，穿了圍裙，拿出名片，等著。

半個小時後，約翰・韋恩從服裝店走出來，我跑過去用蹩腳的英文自我介紹，並告訴他對面的飯店是我開的，如果他有時間光顧，我會專門爲他做菜。約翰・韋恩很紳士地收下了名片，微笑地走了。

回到店裏，我也沒太當回事兒，跟服務生們開玩笑說：「請是請過了，來不來就不知道了！」

一個多月後，松園來了兩名食客，點了四道菜，吃完遞上名片，詢問侍者吃的菜是不是一名姓李的廚師做的。服務生一看，是記者，忙將我喊了出來。記者們告訴我，是他們的朋友約翰・韋恩請他們來試餐的。我心裏著實感動，眞沒想到大明星居然把一個路人的請託放在了心上。

兩位記者誇讚我菜做得好，並說約翰・韋恩計畫在下個月定一個晚上，在松園包場舉辦宴會，客人約有四、五十人，每個人按照四十五美元的價格，設計菜品。約翰・韋恩招待明星朋友來松園吃飯，不要說付錢，就是免費，我也是求之不得。可想而知，我得到這個訂單後，心裏有多美了。眞正是幾個晚上都激動得睡不著，天天琢磨著應該準備什麼樣的菜式，來驚豔約翰・韋恩和他的朋友們。

宴會那天晚上六點左右，一波波的客人陸續來了，松園一時間星光熠熠，豪華轎車一輛輛地來到松園門口。賓客都到齊了，約翰・韋恩卻遲遲不來，心急的服務生進來向我通告。

我在廚房裏忙得大汗淋漓，一時也顧不上。這時，高大威猛的約翰・

韋恩竟從廚房後門走了進來。一進來就喊：「李先生，我的朋友！（Mr. Lee, my friend!）」廚房裏的孩子們開心極了，大家簇擁著將約翰．韋恩送到大廳。

宴會進程過半，我這邊菜也忙完了，約翰．韋恩請人把我喊出去，鄭重地跟他的朋友介紹道：「李先生是我的朋友，今晚的晚餐都是他準備的。」興頭上，約翰．韋恩問我會不會唱歌。在日本的時候，我就很喜歡李香蘭，便唱了一曲〈何日君再來〉。

唱完，大家還不過癮，說要再來一首。約翰．韋恩說中國京劇是最棒的，問我能不能唱一段，剛好我在上海學過，順口來了一段〈蕭何月下追韓信〉，還接勢走了一套拳法。

中國功夫在老美的心目中，有不可估量的魅力，約翰．韋恩沒想到我會功夫，一個勁兒地叫好，賓客們的興致也被吊起來了。記者們忙著幫我們合影，約翰．韋恩拿過菜單，寫上：「李先生做的菜是全加州最棒的。」

宴會在熱鬧歡愉的氣氛中畫上句號。但這個晚上的情景登上報紙，廣告效益持續發酵好久。松園一夕間成了加州名店，慕名而來的富豪名流、食客老饕絡繹不絕。爲了應對日漸增多的食客，我將松園二樓加以改造，營業面積擴展到一百多個座位，飯店人手也增加了，顧客依然每天都要排隊。

松園的經營蒸蒸日上，一九七五年，我和素清決定將巴西的飯店結束，舉家移民到美國，讓其他四個孩子也能在美國接受更好的教育。

我們按照規畫找合夥人，繼續拓展餐飲版圖。先是在科斯塔梅薩蓋了間「杭州小館」。這間餐廳算是我們餐飲事業的高峰，店堂可以容納三百多個座位，開業當天，洛杉磯的明星、政要都來捧場。

隨後，我們又陸續在聖地牙哥開設了「金殿樓」和橙縣的「海景樓」。一九九二年時，我們在南加州擁有四家飯店，一百多名員工。

時間一晃就到了二十世紀，我和素清都已經到了花甲之年，中餐館在加州已經相當普及，但由於競爭激烈，加上美國醫學界一再報導中國菜多油、多味精，不利於健康，中餐館的生意大不如前。我們選擇急流勇退，也該是讓李家第二代出來歷練一下的時候了。

五兄弟熱心公益

我們的五個兒子，除了長子永松是在中國出生外，二子永立、三子永基、四子永定、五子永達全都是在巴西出生。從小照顧他們的是巴西保母，學葡萄牙語比中文容易，但我還是堅持在家裏要說揚州話，畢竟我們的根是在中國。

自與長科團聚後，長科一直在爲事業奔忙，教養孩子的責任幾乎都落在我的肩上。即便請了保母、工作再忙，我還是堅持孩子洗澡、吃飯、睡覺這三件事，不能假手他人。除了永松，幾個年幼的孩子，對我們艱難的奮鬥過程，沒有什麼深刻的記憶。

我告訴孩子們，生活不盡是蜜糖、享受，要知道父母創業艱難，若要成功一定要自立自強。還告訴他們，如果父母一慣地寵他縱他，其實是害了他們！

爲了不讓物質生活的寬裕，助長他們的驕縱與依賴性，從他們上幼兒園開始，我就讓他們自己洗襪子、疊被子，自己收拾房間。在孩子的成長過程中，我和長科也從不打罵，做錯了事，我會耐心解釋開導。

我曾經教他們抄寫「治家格言」，認爲這是一個很好的方法，古人明訓：家和萬事興，家裏每個成員人人要相親相愛、謙虛禮讓、坦白忠誠，凡事互留餘地，忍耐任由風雨過，齊心愛護這個家庭。明白淺顯的字句卻是成功做人的最根本道理，是人生的正道。

從中國到香港、從香港到巴西，又從巴西來到美國，我驚喜地發現，幾個孩子身上結合了中國、巴西、美國這三種文化的風采。

老大永松自加州大學法律系畢業後，開設李氏律師事務所，成爲南加州年輕有爲的華裔律師，也熱心爲華裔移民提供幫助。

二子永立先後在巴西和美國取得了醫師執照，成爲一名全科醫師。

三子永基、四子永定和小兒子永達，也都完成大學學業，學習的是商科；這爲他們後來開拓李氏餐飲事業的第二波征程，提供了很好的基礎。

老三永基個性十分開朗，喜歡交際。大學畢業後到了一家高科技公司工作，負責預算編審。有一次，公司要求他們團隊到華盛頓審計一筆資金，派三個人去，結果所有資料都是永基一個人完成的。

初生牛犢不怕虎，永基覺得自己有能力，應該被加薪，但是老闆認爲他的資歷尚淺，沒有同意。個性十足的永基就不做了，到一家保險公司賣保險，多勞多得的考核體制，很對他的胃口。不過永基和長科一樣，好結交朋友，幾年下來，賺的錢都不夠他花。

永基身上帶有巴西熱情的南美風情，喜歡游泳、衝浪。因爲衝浪，經常去墨西哥恩西那達市（Ensenada），每次去都流連忘返。

那裏的塔可，味道十分誘人。熱呼呼的麵皮，或烤生脆，或綿軟有勁，加上素材，淋上特製的調味汁，十分方便，孩子們百吃不厭。可惜回到南加州後就買不到，他們念念不忘。

一九八八年，永基聽同學說聖地牙哥有個塔可很好吃，生意很好，已經開了六家分店，希望家裏能支持他開一家。我們雖做了幾十年餐飲生意，但都是中餐館，塔可店能不能做，心裏沒底。

其實我心裏一直看好永基的闖勁兒，希望他能找到自己的方向，闖出一番事業。長科說：「不管怎麼樣，我們應該先去嘗嘗。」一嘗，味道還不錯，正巧家裏附近有一義大利餐廳要賣，房價八萬美元，一半付現金、一半分期付款，我和長科決定買下來，支持永基創業。

找到所愛，永基像換了個人。店鋪從裝修開始，到菜單、菜品、醬汁都是自己動手。根據他的理念，塔可店的裝修主題是衝浪和海洋，玻璃門窗貼滿各式各樣有關海灘、衝浪的圖片，牆上裝飾了衝浪板、游泳設備，氣氛十分輕鬆。

塔可店開張後，吸引了很多年輕人。當時正好全美衝浪比賽在此地舉辦，主辦單位找永基贊助五百客餐點，可以幫他免費做廣告，永基當然不會錯過這樣的好機會。五百客餐點加廣告發出去，店裏的營業額迅速提升，從本來每個月八千美元，一下子跳到兩萬多美元，一年後更提升到三萬多美元。

順水推舟，第二家塔可店很快開幕。沒想到第二家生意更好，每月營收一度達到八萬美元。永基信心大增，爲自己的塔可店註冊了商標「歡福（Wahoo）」，不到三年時間就開了六家店，有了名氣。有大財團看中了歡福的品牌，願意出兩千萬美元買下商標，永基拒絕，他是要將李氏餐飲事業再度發揚光大。

一九九三年，李家二代的餐飲版圖有了新的力量，老四永定、老五永達一同加入了歡福。雖然歡福的事業是由永基開始，但三兄弟合作後，執行總裁卻是年紀最小的永達。

永達是天生做生意的料，讀小學時，他就開始替鄰居送報紙，每月二十八美元的收益，他都用來給家裏添置各類小物件。十歲出頭，他又開始替鄰居老太太們的小狗、小貓洗澡，洗一次五美元，每個星期天早晨五點出門，晚上八點回家，一天就有三、四十美元的收入。

十二歲那年，他發現在海邊替人洗船收益更大，每個月可達五百美元，這筆錢在當時已經足夠應付我們全家一個月的開支。到了中學，永達已找到月薪七百美元的兼職工作，幫建築公司查資料，整理文件。

實際上，那時我們的經濟狀況並不需要孩子們打工貼補家用，我和長科也一度告誡永達要專心讀書，不讓他出去打工，不過永達很堅持，認爲利用課餘時間賺錢，並不會影響學業，反而能夠減輕家裏的負擔，還能累積社會經驗。

事實證明永達是對的，他以優異成績從加州大學爾灣分校（UCI）經濟系畢業。本來打算繼續攻讀經濟法律碩士，因爲加入了歡福，進修計畫擱置了。

讓我們欣慰的是，兄弟三人分工合作，永基負責市場、永定負責店面拓展，永達總理各類事務，又找了個美籍合夥人負責新員工培訓，一個日籍合夥人從事資料庫存管理，五個年輕人，一同將歡福推進年入百萬美元、六百名員工的公司。

現在，歡福已經開到八十多家，舊金山、夏威夷、科羅拉多、拉斯維加斯……都能看到歡福的影子。

二〇〇四年四月五日，北美華文知名媒體《世界日報》經濟新聞版大幅報導了歡福連鎖餐廳的成功歷程。三十歲的永達，以歡福連鎖執行總裁的身分，受美國前總統老布希的邀請，到白宮做客。

「我們並沒有要在全美開數百家分店的野心，而是按部就班，視市場需求量力而爲。家族事業的成功，不在於顯赫的成就，而是與兄長們共事愉快，大家都可以相互信任，每個晚上都可以安枕無憂。」永達在全美連鎖餐廳座談會上，分享他如何將家族事業發展成爲多元化經營的企業時這麼說。「讓父母看見一家人和諧，讓他們放心，是我努力要做的事。」

長科和我十分高興，這麼多年教養孩子的用心沒有白費，他們將中國文化傳統的「家和萬事興」當作努力的方向。更讓我們欣喜的是，他們不但事業成功，而且熱心公益，歡福每年固定捐款，支持社區慈善活動，例如替殘障人士募款的腳踏車隊、替孤兒院縫織棉被的義工群，以及橙縣兒童醫院每年舉辦的網球籌款會……我和長科很樂意看孩子們不僅有愛心，甚而付出行動、捨得捐獻。

懂得努力，懂得感恩，懂得回報，他們眞不愧是我們的好孩子。

可愛的天堂媳婦

我生這五個兒子，幾乎每回都到鬼門關前走一遭。老大永松出生時，羊水提前破了，我還在田裏做事；生永立、永基、永定時，正是我和長科在巴西刻苦創業那幾年，每次都是撐到陣痛開始，才放下手邊的事，匆匆趕到醫院，生完孩子出院又開始工作。

從來沒有坐過月子，更不可能進補，慶幸的是，我的身體一直不錯，這可能和我自年輕時就茹素有關。

小兒子永達出生時，長科和永松在美國，我一個人撐著一家飯店。那天我感覺要生，撐到飯店打烊，把帳目做好，準備一個人去醫院生孩子。一站起來，凳子上一片血水，幾乎站不住。

顫顫巍巍趕到醫院，醫師說我胎位不正，要做子宮頸切口，還好我在大陸婦產科學習過，醫師說的我都看過也了解，所以並不慌張。折騰了幾個小時，孩子終於生下來。迷迷糊糊中，我忙著看孩子一眼，一下子驚醒了，孩子的耳朵缺了好大一角，可能是剛剛被產鉗夾掉了，連忙喚住醫師。醫護人員匆忙在一堆血肉模糊的紗布器具中，找到了那塊耳朵，縫了回去。

好不容易放鬆下來，我昏昏沈沈在醫院睡著了。再醒來已經是幾個小時後，想到家中三個兒子，母親徹夜不歸，該有多麼著急。「我要出院！」當我提出要求時，醫護人員都以爲我有問題，剛從鬼門關撿回來的人，怎麼這麼固執？我告訴他們自己曾經是助產士，出院不會有問題，家裏實在不能沒有我。

醫師拗不過我的請求，建議我以冷水淋浴一次，加速子宮收縮，好讓體內淤血排出，然後再考慮出院。我起先呆了一下，在國內生完孩子，禁食生冷不說，洗澡要用熱水，更不敢吹一點風；用冷水淋浴，如果著涼怎麼辦？不過我急著要走，便照做了。

走進浴室，冷水一沖，一大塊淤血排出，我一陣眩暈，護理人員趕緊扶我上床。沒一會兒，醫師檢查認爲我子宮收縮良好，堅持要出院也沒有問題。

抱著小小皺皺的永達回家，路上心生愧疚。小人兒提前三個星期出生，體重不到兩千五百公克，他在我肚子裏的時候，我每天忙得腳不沾地，何曾好好吃，好好睡過？幸得菩薩眷顧，孩子健康平安。

自從嫁到長科家，孝敬公婆、照顧還沒娶妻的小叔、替還沒出嫁的小姑打算，整日勞動，背負著一大家子的重擔。如今時代不同了，不要說婆媳關係跟以前不一樣，連兩代親子之間的互動也有了很大的改變。

兒子們長大了，各有自己的天地，他們娶媳婦，我和長科從不干涉，不管他們要娶中國人、美國人、日本人，只要人品好，自己喜歡就好。自己找對象，自己負責，將來是好是壞都不要埋怨父母。

我有五個兒子，前後卻有七個媳婦。我們和兒媳相處融洽，大家各自有各自的家，有機會常常見面，可以高高興興地談笑、聊天、吃飯，一家三代樂融融。

有時候跟朋友聊天，會開玩笑說我們家是個小小「聯合國」，還真像呢！我的媳婦有美國人、韓國人、日本人和香港人。

永松的前妻是韓國人，和永松結婚十年，生了五個女兒後離異。第二任妻子孫萍梅是香港人，在警政單位做事，嫁給永松時才二十多歲。那時我有點擔心，年紀輕輕的她，照顧得了五個幼女嗎？她是個很堅毅的女孩，說她不會後悔，會用心經營家庭，要我放心。

婚後，萍梅生了一個女兒，全家和樂，彷彿幸福全握在手裏了。沒想到女兒八歲那年、一九九三年五月十五日，永松開車突然一個緊急煞車，左胸口袋裏的筆插進心臟，當場往生。

我捨不得萍梅三十幾歲守寡，問她想不想再嫁？她搖搖頭說：「不！

孩子們現在很需要我，我的責任就是把她們帶大。」萍梅怕我們傷心難過，不曾在我們面前掉過眼淚，時常來探望我們，陪我聊天一聊就聊到好晚。

永松死了，我心痛，但我不哭；只要有人問起，我都說：「他出國去旅行了！」我和長科隨身帶著他的相片，看看他祝福他。我想，萍梅這個媳婦是老天送給我們的珍貴禮物，代替永松陪伴我們。

永立的妻子黛安娜（Diana）是美國人，是個善良質樸的好女人。當永立放棄美國知名醫院的優渥待遇，決心到中國大陸，尤其是窮鄉僻壤最需要醫師的地方行醫，她全心支持，離開自己的家鄉，跟著去中國。一到寒、暑假，永立全家大小通通回來與我們同住，兩個孫子和一個孫女聰慧調皮，討人喜愛。

老三永基和其他兄弟比起來，比較有「個性」。二十幾歲時，不顧家人反對，執意要娶一個大他十二歲的女人，婚後兩人吵吵鬧鬧，生了一個兒子後就離婚了。永基再娶的太太也是美國人，聰明伶俐，很有生意頭腦，對房地產投資眞是眼光獨到。

永定的妻子蜜雪兒（Michelle）是日本人，是名眼科醫師，細心懂事，待我們極好。兩人育有兩個男孩。永定的脾氣倔強，獨斷獨行，但是受蜜雪兒影響，脾氣改了很多，比較會表達關心，現在一有空就會打電話回來問候我們好不好？需不需要什麼？讓我們好欣慰！

老五永達的妻子欣蒂（Cindy）是中日混血兒，父親是日本人，母親是廣東人，有趣的是，她自幼在美國長大，日語、廣東話都不會說。兩人育有兩個女兒。欣蒂對電腦很在行，在歡福幫忙處理電腦有關的事情，她不只能解決電腦問題，還能幫永達處理心理問題。

「別擔心！事情不像你想得那麼糟！」「你們兄弟好好合作，事情一定有辦法解決的！」欣蒂總會這樣溫柔地爲先生加油打氣，讓他不再煩悶或氣餒。

有一次，我突然有感而發，跟媳婦們說，比起從前那個年代，現在的媳婦簡直像在天堂。

「什麼？天堂？什麼是天堂媳婦？」她們一臉茫然，各色的眼珠子裏閃著相同的疑惑。

啊！可愛的我的天堂媳婦們啊！

輯四

回饋家鄉

在中國，秋天是收穫的季節，也是團圓的時節。離鄉數十載，濃濃的漂泊感和思鄉情交織成一張心網，籠著我所有的思緒。

冥冥中，菩薩一直在照顧我們，遇善人相助，逢凶化吉。我倆把對菩薩救命的感恩之情，以弘揚佛法、助人行善的行動表現出來，讓更多人受佛法潤澤，得到幫助。

少小離家老大回

離鄉數十載，濃濃的漂泊感和思鄉情交織著成一張心網，籠著我所有的思緒。一九五〇年長科離開家鄉，一九五七年我也離開。一直到七〇年代初，我們才得以再次親近故鄉。

一九七三年，巴西一如既往的炎熱，一日我在廣播裏聽到中國政府歡迎海外華僑回國探親的消息，激動得渾身顫抖，第一個反應是，我一定要回去看看。

長科和永松已經去了美國，中美還沒有建交，長科不能陪我，他擔心我發生危險，極力勸阻，讓我再等等。可是我像發瘋一樣到處打聽回大陸的消息，我一定要回去，無論多難。

十六年前離家時，對公婆的承諾，我始終沒有忘：「我會回去的！」

出來時，一路上曾經幫助過我的人，他們過得如何，我想去看看他們。

當年從香港到巴西，我輾轉拿到中華民國護照，如今拿著這個護照去辦回國的手續卻被退回。簽證官說，巴西與中國建交，要從巴西獲得簽證到大陸，就得先參加巴西的公民考試，成爲巴西公民。

打定主意要回大陸，考就考吧，然而拿到考試材料才知全是葡萄牙文。雖然來巴西十幾年了，可是一直忙於生計，葡萄牙文只能在日常生活中積累，會話勉強過得去，讀寫則是問題。我硬著頭皮，一天讀十幾個小時的書，四十五天後，居然順利通過考試。

在中國，秋天是收穫的季節，也是團圓的時節。一九七三年秋天，我帶著五歲的永達，由巴西搭飛機到美國加州洛杉磯，再轉機到加拿大溫哥華，隨後取道臺灣，在臺灣與表姊陸秋蓉短聚。表姊說大陸交通不便，情勢未明，恐不適合孩子前往，建議我將永達留在臺灣，我便一個人前行。

從臺灣搭機到香港，與香港親友匆匆一聚，在華僑商場買了棉被、枕頭、蚊帳、衣服、日用品……所有可能用得著的東西，帶著滿滿三大旅行袋上路。這次改搭火車，火車經深圳到廣州。

十六年前，如果不是開旅社的余太太出手相救，我和永松也許就命喪廣州了。到了廣州，我一路直奔當年余太太旅社所在，物是人非，旅社早就關閉，眼前只是破舊的樓房，擠擠挨挨住著一群毫不相關的人。

後來在一家中藥房打聽到，余太太很早就去了澳洲女兒家，心中悵然若失，唯一值得慶幸的是，好人有好報，余太太既然早早離開，應該沒有受到大陸政治運動的衝擊。

我的中國簽證效期只有一個月，不敢多停打聽。從廣州直接搭飛機到了南昌，再到杭州，最後停留在上海。一路上都有軍人裝扮的人緊跟著我，爲了低調行事，我特意買了灰色的人民裝換上，但一路上還是引起許多側目。路上偶遇一個年輕小姐對我說：「你不是這裏人吧？」經過一番試探，才知是忘了取下的耳環露了餡。

曾經風光的十里洋場，大上海蕭索冷落，旅館裏沒有客人，服務員的冷漠和空曠的旅館一樣讓人瑟縮。「這裏沒東西吃，只有餅乾，你就湊和湊和吧！」服務員給我一個杯子和一個水瓶後，就不願再多搭理我。

隔天，我走出旅館找食物，看到很多人在排隊領東西，我也跟著排，輪到跟前，發放的工作人員問我要糧票。

「糧票是什麼，我沒有啊，哪裏可以買？」

「你住哪間旅館，就在哪裏拿。」

我折回旅館申請，對方說等上面批准下來，我才能拿。第二天是中秋節，我想買幾個月餅帶回揚州。一到店裏，店員又說要餅票。到此時，我才清楚，我的祖國在那個年代，是靠布票、糧票、肉票、米票……一堆票管制著過生活的。

沒有票，似乎寸步難行，可是無論如何，我要回家，必須回家。

一路趕回揚州，想順道探訪幾個親友，每個人都不情願與我見面。「你快走！」害怕地催促著我離開。訪友一路沒有喝到一杯水，椅子邊也沒能沾上，心中沮喪難以形容。

按照計畫，我還是兢兢戰戰地一路搭著渡船、巴士，往婆婆家趕。

「你餓嗎？要不要吃點東西？」

「家裏沒啥東西。」

「廚房還有點白飯、青菜。」

婆婆用孱弱的聲音關懷我，小姑、小叔無人願意搭理我，彷彿我是洪水猛獸，只是不好直接趕我出去。突然，婆婆壓低聲音跟我說：「素清啊，你回來了。你呀，危險呀！沒人敢來看你的。」

回來前，我還想像著這許久不見，與村莊裏的親友說說笑笑，該是多麼熱鬧的景象。實在難以想像，文革讓人與人之間變成這樣。我帶著許多糖果、餅乾，竟然連送出的機會都沒有。

隔天一早，我走了兩個小時的路回到娘家。路上看到個熟悉面孔，我興奮地打著招呼：「這不是李德國小弟嗎？」

「不是，我不認識你。」他不肯正面看我。

回到家，只有母親在。「你不要回來害我們！」母親看到我的第一句話，將我推入冰窟窿。

「媽媽，你可不可以給我點水喝呀？」

「沒有水可以喝。你快點走！」

母親的絕情，推著我退出家門，轉身時我的眼淚再也止不住；轉出家裏的牆角，號啕大哭起來，一路上受到的冷漠，在這一刻爆發了。

那天晚上，揚州華僑辦事處請我吃飯。中國與海外隔離的政策即將畫上休止符，官員們提前獲得信號，我算是第一批響應祖國號召回來的，他們極力示好。不過那天，我在飯桌上卻沒有心思應對，發了脾氣。

「外邊報紙不斷刊登歡迎華僑回國探親。我回來了，媽媽不敢認，親友怕海外關係牽累，避之唯恐不及，這算什麼！」官員們忙著打圓場，說他們會安排、解釋。一頓飯吃得索然無味。

第二天，事情有了轉機。揚州電臺廣播了我回揚州探親的消息，母親、弟弟等親友聽到官方的肯定，才敢趕來與我相聚。

華僑辦事處送來兩個月的糧票，我換成各類物品，連同從香港帶來的衣物分給親友。母親和弟弟用小推車推了一車，歡天喜地地回去了。大家親友對我帶回去的東西樣樣歡喜寶貝，國內物資實在太缺乏。婆婆整天抱著我給她買的新枕頭，念著：「這好暖和，我好喜歡。」

恐懼依然沒有從親友心頭褪去，離別十六載，家中遭遇的種種不幸，親人們不願言述，我也不開口問。我最深愛的父親已經走了，我不敢問，深怕引起不必要的麻煩。親友相聚，只好聊一些十分表面的客套話。

晚上，婆婆要我跟她一起睡。她的眼睛已經看不太清東西了。房裏蚊帳是破的，上面掛著一塊塊的痰跡。床底下塞滿了髒東西，屋裏臭氣薰天，看得我心酸難過。第二天，我找來工人清走了舊物，全部換了新的。我想直接將婆婆接到美國，不過婆婆不敢跨出一步。

在家待了半個多月，終究還是要分離。因爲永達還在臺灣，離開大陸，我要先辦赴臺灣的手續，沒想到這個時候臺灣不肯簽，理由是「才剛從共匪那裏出來」。

我與他們理論：「你們說共產黨領導的地方不自由，中華民國自由民主，我先到中華民國，再到大陸，共產黨沒話講；現在我要從大陸到你們中華民國了，卻進不去了？這到底算哪門子的自由？」經過多番交涉，最終臺灣核准我入境，但入境後的每一天，都有警察近身監視我。

臺灣表姊帶我去陽明山、烏來等地遊玩，我好喜歡，一看到各地的小小紀念品、手工藝品，愛不釋手，忍不住掏錢買；我還訂製了一大箱的衣服，很合身，很珍愛，一直到現在還很實穿。好喜愛臺灣人的樸實、親切，人情味濃厚；這裏的人輕言細語，氣質極好，待人又和氣。「那麼喜歡。下次再來！」表姊的話，讓我心裏暗想——等我老了，我想退休到這裏來；臺灣這地方眞是太好、太好了！

就在這種奇怪的氛圍下，我的第一次探親之旅畫上句號。所幸終於因爲探親，與親友們又重新取得隔斷十數年的聯繫。

母親最後的掛念

一九七六年七月二十八日，中國發生唐山大地震，造成將近二十五萬人死亡，十六萬人受傷。同年九月，接到母親病重的消息，我急著趕回去探望，那是我從一九五〇年離開大陸後首次回家，一別二十六年。

中美關係雖然自一九七二年尼克松訪華後漸漸破冰，但還沒有正式建交，我無法直接從美國到大陸，需要取道香港，再申請入境大陸。

在外多年，自由慣了，一到入境海關，看到滿臉肅穆的中國軍警，就十分緊張，說話都說不流利。唐山大地震剛剛發生不久，大陸有點風聲鶴唳，軍警高度戒備。公共服務設施經過文革十年，癱瘓得差不多了。

我從廣州搭飛機到上海，飛機才起飛又降落，差點撞上航站樓。機艙裏乘客東倒西歪，磕碰掛彩的都有，我臉上也撞破了。大家亂作一團，空服人員出來喝斥，不許大家講話。飛機上多數是華僑和老外，在外接受的都是顧客至上的敎育，沒見過這陣仗，嚇得不敢動。

晚上終於到了上海虹橋機場，我坐巴士到南京路的華僑飯店住下，什麼吃的都沒有，餓得難受，想洗個澡早點休息。照著在家的習慣，衣服一脫，進了浴室，一開水龍頭，沒想到冷水管道壞了，只有熱水，燙得我殺豬似地跑了出來。一夜不敢再折騰，和衣倒頭直接睡覺。

因爲地震，到處停電，第二天我到鎮江華江飯店取回從香港買了寄過來的東西，一位婦人央求我讓她以大板車載東西，要價五元人民幣，我答應了，隔壁的人聽到了，大罵婦人，「兩元就夠了！」

還沒走出幾步，聽到後面有喝止的聲音，停下來看是兩名解放軍，原來婦人不是正規單位，不能運貨。我不敢違抗命令，看婦人也是可憐人，悄悄塞了四元人民幣給她，婦人拉著孩子跪下，嚇得我不輕。

趕到揚州，與母親相見，眼淚竟是止不住。母親泣不成聲，一個勁兒說想我、想我。印象中，成年後，那是母親第一次抱我，死死地，不肯鬆手。

母親病體未癒，地震後草木皆兵，一家人顧不得訴說久別之情，趕緊安頓才是正事。家裏不能住，我背著母親住到飯店去，再破的飯店總也比家裏強。「我這輩子沒睡過這種彈簧床呀，眞舒服，多虧你回來了，我才能睡這兒。我眞高興！」八十二歲的老母親，像個孩子般愉快。

第二天情勢稍稍穩定，母親因爲團圓，很高興，病勢似乎大爲好轉。晚上回到家，我給母親張羅了一桌子菜，飯菜才擺好，正準備動筷子，外頭有人跑來大喊：「不好了，毛主席去世啦……」

不一會兒，村裏的民兵大聲吵起來，氛圍詭異不安，顧不得吃飯，我又背起母親住到街上的旅館去。

「兒啊，快走！別管我們，快走！不知道又要出什麼亂事兒呢！」老母親不肯住下，一個勁兒催促我走。我捨不得母親，又怕會給家裏帶來更多麻煩，三天後匆匆離開。

我這邊急著離開大陸，毛澤東去世的消息已傳到人在美國的素清耳裏。當時通訊不便，好一陣著急，所幸有驚無險，返程還算順利。

一九八一年母親再次病危，我趕到家時，母親僅剩一口氣了。她口中絮絮叨念著素清。

「素清有沒有告訴你，我們從前對她不好呀？」

「沒有。」

「素清有沒有說，我們從前把你寄給她的信扣起來呀？」

「沒有。」

「素清有沒有……」

「沒有。」

母親苦了一輩子，重陽節的晚上，在親友的陪伴下，她平靜地走了。

行善回饋菩薩恩

一九五七年我離家尋夫，觀音山一位老法師充滿禪機的話，讓我眞的放膽邁步出走。當日我發願，如果能榮歸故里，定當修復禪寺。

一九七三年，我第一次回到家鄉，特意上觀音山參訪，看到廟內佛像盡毀，屋舍破敗，令人非常心酸。礙於當時的政治形勢，重修計畫未能成行，後來幾趟返鄉，雖有修復觀音山禪寺的心願，可惜表態無門，亦未能實施。

離家十六年，最愛我的父親已遠離人間，想起母親悲苦的瘦臉和弟弟抬不起頭的頹喪表情，揚州一片愁雲慘霧，這個娑婆世界究竟是怎麼了？爲什麼人間的悲劇層出不窮呢？我一時悲從中來，哭倒在千瘡百孔的菩薩像前。

一九六九年，長科和永松剛去美國，我和四個幼子留在巴西。有一晚停電，我點了一支蠟燭插在油瓶內。夢中，我感覺有人推著我說有火，驚醒一看，油瓶翻倒，地板燒著了，我急忙用水浸溼被單，蒙著孩子的頭逃出火場。

第二晚，我夢見觀世音菩薩指點：「希望你許過的願不要忘記。」

另一次是一九七五年，我們全家移民美國後，把巴西的四海飯店交給長科的弟弟經營。不久，只有一面之緣的東初老和尚來美，並鼓勵我出家。

一九七七年，小叔請我回巴西走走，我到了機場準備隔天搭巴士進城，就在那晚夢見菩薩叫我最好不要去；隔天我便將車票退掉，取消行程。沒想到那輛巴士行經大橋時，橋身忽然斷裂，墜進深海，車上連司機六十二人全部遇難。

兩次菩薩的庇佑，提醒我修復觀音山禪寺的心願，事實上我也從來沒忘過。

一九八二年，中國在政治、經濟各方面推動改革開放，每天都看得見長足的進步，政治氣氛輕鬆許多。長科透過姊夫卜森龍的引薦，到許多單位表達修復觀音山的意願和決心，獲得當時揚州市統戰部部長唐椿先生的支持，邀請宗教局、佛教協會、僑辦會等各部會的領導、相關人士會談。

我和長科提出自願集資修復費用，獲得國務院中國佛教協會會長趙樸初先生批示同意，修復觀音山禪寺的工程正式被提到議程上，我們倆大感欣慰，多年的心願終於可以完成了。

這個心願能夠達成，要感恩許多人的協助。修復費用並不全是我們夫妻倆出的，而是長科周遊巴西、日本、西德、法國、美國，向華僑、同鄉、朋友籌募，其中包括巴西華僑戎華興、田起興，日本戴長榮、張廣良等商業鉅子，以及程正昌、張華蔭、賀金泉等華僑同鄉。

一九八二年起共分四次匯款，總數約人民幣五十萬元，重建工程於一九八四年動工。

中國四大名山皆有一尊相應的菩薩，分別是代表普陀山的觀世音菩薩，代表五臺山的文殊菩薩，代表峨眉山的普賢菩薩，以及代表九華山的地藏王菩薩。

我們的構想是在觀音山建立四大道場，專殿供奉這四尊菩薩，為嚮往四大名山，心有餘而力不足的佛門弟子提供方便，使朝山香客來到觀音山就有如親臨四大名山。

每年農曆二、六、九月的十九日，分別為觀音菩薩的誕辰日、成道日和出家日，自觀音山一九八五年復建後，逢此日期，信眾朝山進香，絡繹不絕，最高紀錄曾經一日五、六萬人次。長科和我每次回揚州探親，都必到觀音山頂禮膜拜，發心捐款作為寺廟維修費用。

長科也有兩次與死神擦身而過的經驗。一次是一九九一年，長科開車載著兩個小孫女，經過一座橋時，忽然機器失靈，轉彎一拐，車頭衝出護欄，前兩輪懸在半空中，差點掉落橋下。所幸，車毀人平安。

還有一次是一九九三年四月六日，長科從北京搭機返美，大約在太平洋上空，飛機遇到亂流，突然「砰」一聲，整架飛機強烈震動，向上跳又向下掉，幾次劇烈上下，乘客一片驚聲尖叫。

第二次爆炸聲響起，聽說要緊急迫降，飛機開始往下掉，每個人都被往上拋。長科本來坐在十八號座位，一會兒掉到十七號座位，他嚇得抓緊椅子不敢放手。最後迫降在美國阿拉斯加州。兩人當場往生，十多人重傷不治，長科幸好只是輕微擦傷。

冥冥中，菩薩一直在照顧我們，遇善人相助，逢凶化吉。我倆把對菩薩救命的感恩之情，以弘揚佛法、助人行善的行動表現出來，讓更多人受佛法潤澤，得到幫助。

邀親友集資助學

修復觀音山禪寺後，我們又捐資建造了揚州清龍小學的教學樓。這也是一段機緣。一九七三年，我第一次回到大陸，有天在路上走著，突然一陣大雨襲來。我急忙躲進路旁一間小學避雨。這才發現學校非常破舊簡陋，教室是用幾根木頭撐住的稻草屋頂，好像隨時都會塌下來的樣子。

想到孩子們在如此惡劣的環境下學習，不覺心頭酸楚。當即決定有朝一日若有機會，一定要讓這裏煥然一新。

一九八四年，我再次回到這間小學，校舍已經快傾倒了，不能再等。經過評估需要三十六萬元人民幣的重建費用，後來政府決定出一部分，我和住在香港的堂弟李雲龍，兩個人各出資十五萬人民幣，終於在一九八九年建造了一棟可容納六百名學生的教學樓。學校以我和堂弟的名字各取一字，名爲「清龍小學」。我們還設置獎學金，每年頒發給品學兼優的特困學童。

我們一直很關心孩子讀書的問題，希望孩子們都能接受完整的基礎教育，可能是因爲過去的人生經驗，深深感受到知識能夠增強生存的能力。所以只要聽說哪個學校缺教學設備、課桌椅，哪個學校校舍需要修繕，或者哪個孩子需要學費幫助，我們都是邀集親朋好友一起捐助。

有一天早上，我在街上走著，發現一個小男孩睡在路邊。我不忍地過去探問：「這孩子爲什麼睡這裏？」「他叔叔把我們趕出來，這孩子生著病，但我沒錢帶他看病……」孩子的媽一臉愁容地回答。

「來，快抱起孩子，我帶他去看醫師。」就這樣，我和這孩子及他的家人結了一分很深的緣。孩子叫王明亮，跟著家人從安徽來揚州討生活，家庭窮困，很小就要幫家裏做事。他很聰明上進，我們一路資助他由小學到大學的學費、生活費，十年了，現在他是河北一所大學的學生，妹妹在廣東讀管理學院。

「爺爺、奶奶，將來我一定會報答您們的。」王明亮很誠懇、感恩地對我們說。看著王明亮這位好青年，我內心感到安慰又高興。我說：「不用報答我們。將來畢了業，要記得回饋社會就好。」

我和長科常去看看王明亮和他的家人，除了送學費，也關心他們的生活。他的父母刻苦耐勞，不會貪求多要，現在他們把別人不要的荒地，開墾種了蓮藕、荸薺，生活總算可以安定下來。

我對王明亮說：「你一定要好好讀書，將來成功，若想到美國，我們一定會當你的擔保人喔！」

輯五

散播大愛

上人溫和的話語、慈悲的容顏，讓我想起觀世音菩薩，感到無比親切。我們認為上人就是「人間菩薩」，以德行、智慧引領大眾實踐佛陀「慈悲喜捨」的教誨。

二〇〇三年退休至今，只要沒出遠門，每天我都和長科「環島一小時」，在我們住的巴布亞海邊一起散步，一路撿拾人家丟棄的瓶瓶罐罐。

我曾問長科，這樣的年紀，還要四處奔走，向不相識的人勸募，與各種單位接洽，會不會覺得累？他卻一派天真地告訴我，看到幫助的人慢慢好了，怎麼會累？

付出同時道感恩

一九七七年八月，超級颱風賽洛瑪在南臺灣造成了很大的災害。我們在美國的華文報紙《世界日報》看到「佛教克難慈濟功德會」的募款消息，便將報紙放在自家餐廳募款，一下子便募得兩千五百美元，加上我們自己的捐款，委託店裏一位臺灣人將善款帶給慈濟。

我們很快就收到慈濟的捐款收據，並從寄來的資料上詳細知道捐款的使用明細及用途，看到他們實實在在地幫助每一戶貧苦人家，我和長科開始每個月五十、一百美元地寄給慈濟，這一寄就是十多年。

十二年後，臺灣慈濟來信告訴我們，慈濟在洛杉磯成立了聯絡點，我們不用再把善款寄回臺灣，直接捐到這裏就好。說來一切都是緣分，我們就近去這個會所走走看看，看到的慈濟人都非常熱心，態度懇切謙虛，真真正正地在做事，把愛心奉獻給社會。

後來，慈濟的師兄、師姊來到我們「杭州小館」開茶會，王思宏師兄、蔡慈璽師姊、李靜誼師姊現身說法，臺下好多人感動得淚眼汪汪。會後，長科跟大家說願意多一些承擔，如果可以的話，他想成立慈濟聯絡點。

一九九二年，我們在大兒子永松的律師事務所，成立了慈濟科斯塔梅薩聯絡處。大家都好高興，一同推動英文會話班、繪畫班及各種講座活動，接引當地民眾參與，每次活動都辦得非常成功，甚至辦過一場逾百人的茶會；這對當時非商業性質的華人聚會來說，是極少有的盛況。

在好奇心的驅使下，我們想回花蓮拜見慈濟功德會的創辦人證嚴上人，在南加州分會執行長黃思賢師兄的安排下成行。

靜思精舍裏，有出家師父也有在家眾，師父們修行的地方小小的，一點也不顯眼；他們秉持「一日不做，一日不食」的精神，不接受供養，自食其力，種田種菜、做手工蠟燭……用餐時，碗裏剩的一粒飯、一滴湯汁都要用熱水涮乾淨喝下去。

證嚴上人在一九六六年創立「佛教慈濟克難功德會」，志願是「慈悲濟世」，弘揚佛教精神，爲眾生拔苦與樂；當時三十位家庭主婦相信師父、跟著師父，日存五毛買菜錢，一起去找哪裏有人貧了、病了，號召善心大德一起去關心，出錢濟助。

慈濟蓋的學校、醫院外觀亦是樸實無華，我們什麼都不懂，對每件事都好奇，睜大眼睛、拉長耳朵，多聽、多觀察。

花蓮慈濟醫院是熱心人士捐獻、爲貧苦大眾而設的醫院，設備完善，醫護人員、社工、志工態度親切，對待病人如家人般關懷。

我們跟著醫院志工到每個病房探訪病人，向他們問好，也跟著社工和志工去拜訪貧困人家和殘疾人士。過程中，聽聞許多感人的故事，更增加對慈濟的好感和信任。

「付出的同時道感恩」這個慈濟人力行的信念，我們非常認同，亦覺得很不可思議——感恩對方給我們付出的機會，出自內心、不求回報地去幫助人家，讓對方不覺得是我們在施捨、給予。

我們早起參加早課，恭聽證嚴上人開示。上人說，「廟寺要小，志業要大」，要把慈濟當成是「菩薩的訓練場」。

上人說的每一個佛教理念、助人為樂的人生價值，我們都非常認同。上人溫和的話語、慈悲的容顏，讓我想起觀世音菩薩，感到無比親切。我們認為上人就是「人間菩薩」，以德行、智慧引領大眾實踐佛陀「慈悲喜捨」的教誨。

臺灣之行，讓我們和慈濟結下更深的緣。回到洛杉磯，我們更用心參與慈濟的各項活動。長科會做月餅、包粽子，充分發揮精湛的廚藝。每每義賣，他的拿手菜芝麻大餅、辣白菜、酸辣湯，總是最快銷售一空。

六十多歲的長科到養老院關懷時，那把長鬍子扮起耶誕老人又蹦又跳；時而清唱，時而表演他的拿手戲——大跳迪斯可，逗得老人家們呵呵大笑。

一九九三年，長科參與 Save Ourselves Free Clinic 機構發放毛毯。黃思賢師兄看到發放時的相片紀錄，問他：「你們到哪裏去發放？」長科詳細報告這個機構有各科醫師義診，還有食物銀行，每天發放三百多份食物給貧病患者。

黃思賢師兄立刻有了新想法，約了當時在美國北嶺醫學中心服務、現任慈濟醫療志業執行長林俊龍師兄和簡慈恆師姊去參觀，回來後立刻到臺灣向證嚴上人報告，並把位於加州阿罕布拉市的住宅捐出來作義診中心，這就是慈濟洛杉磯義診中心成立的因緣。

一九九六年，科斯塔梅薩聯絡處與爾灣聯絡處合併，更名爲橙縣聯絡處，並於一九九八年三月向爾灣市政府登記，同時成立爾灣慈濟人文學校。

「就算換了時空變了容顏，我依然記得你眼裏的依戀，縱然聚散由命，也要用心感動天……」〈我記得你眼裏的依戀〉，是「再世情緣」連續劇的主題曲，有一陣子我和長科一天可要聽上許多回；這部連續劇，長科非常著迷，整整看了七十遍！

「再世情緣」講的是清朝順治年間一代高僧玉琳國師的隔世愛情故事，時代跨越唐朝、清代六百多年，男女的感情糾葛，前世結下的情卻要在今生償還。長科一遍又一遍地感嘆世間情緣的難以割捨，因果的錯綜複雜。

有一天，他突然問我：「因果這事應該是有的吧！做錯事情，一定有報應吧？」我很肯定地回答他：「古時候人說，善有善報，惡有惡報，不是不報，時候未到。因果一直都在，但很多人不信因果，以為那只是嚇唬人的。不畏懼因果的人，就會一直執迷不悟，錯誤就愈多。」

長科「喔」一聲，彷彿懂了些什麼。自此，他開口動舌前都會先想一想，做事更小心謹慎，因為他已經懂得凡事都有因果，都要受業報。

下鄉義診惠貧病

一九九一年中國華東、華中地區發生世紀洪澇災害，報紙上的描述「辛未年夏，全椒大水，滁河沿岸，水沒房脊，人困高崗，民田絕收，民居塌圮」，是兩億多人共同遭遇的苦難寫實。

臺灣和大陸儘管政治隔閡，卻阻擋不住來自臺灣源源不絕的愛心與善款，那時我們聽到了證嚴上人的呼籲——用愛心擋嚴冬，讓孩子有飯吃、有書念。我們身在美國，也趕緊地上街頭募款、舉辦義賣和餐會，忙得很踏實，眞正感受到「落地爲兄弟，何必骨肉親」的大愛情！

揚州市有座鑑眞醫院，是紀念唐朝鑑眞大和尚而設的。鑑眞大和尚精通佛學，對文學、藝術、醫學、建築極有素養，在住持揚州大明寺時傳戒授律、興建寺塔，是極爲有名的高僧，日本佛教界慕名聘請赴日傳授戒法。

當時航海條件差，他曾五次東渡失敗，百折不撓，因勞累過度而雙目失明，到第六次才成功，在日本教學十年後病故。他在日本建立了律宗，除了傳授佛學，更把中國的語言、文學、書法、印刷術、建築、雕塑藝術傳去日本，促進了日本文化的發展，影響深遠，被尊爲「文化之父」、「律宗之祖」。

鑑眞醫院設備簡陋破舊，一九九一年我們與多位美國善心大德捐助了一百張病床。鑑眞醫院一向秉持佛教精神以慈悲爲懷、助人行善爲宗旨，與慈濟信念不謀而合，院長向我們表明心意，想聘請證嚴上人爲鑑眞醫院榮譽院長，請我倆代爲轉交聘書。

我們回到花蓮靜思精舍，在證嚴上人開示後，正想著如何把手上的東西交出時，上人竟看穿我們的心事似地問長科：「你想說什麼嗎？」長科愣了三秒，才想起要把榮譽院長聘書交給上人。

後來，慈濟與鑑眞醫院聯絡溝通後，上人允諾成爲鑑眞醫院的榮譽院長，幫助這間醫院，捐贈了一部大型X光掃描機，設置濟貧基金，爲無法支付醫藥費的貧戶病患支付部分住院費。

之後，慈濟陸續捐贈胃鏡、救護車給揚州市郊區人民醫院，捐贈胃鏡給漢河醫院，爲施橋醫院增建廁所，並且爲孤苦無依的老人修繕養老院……

「德不孤，必有鄰」，鑑眞醫院一九九三年七月發起「以慈濟名義做好事」義診活動，先後在興化縣嚴家鄉慈濟援建的社區進行義診，也抓住慈濟前往大陸賑災的機會，與慈濟醫院醫護人員合作，一起到各鄉鎮做醫療義診；一九九六年十月，還到儀征山區爲窮苦農民義診施藥。

郊區人民醫院也組成志工團，秉持慈濟精神，定期上街頭向民眾宣傳無償獻血的意義，免費替大眾量血壓。一九九八年八月，長江流域洪水成災，郊區人民醫院全體員工捐贈衣服、被褥給受災民眾，並義診兩天；一九九九年二月，開著「愛心」救護車下鄉爲人民健康把關，四月間則在瘦西湖公園舉辦義診。

第四人民醫院學習慈濟精神，設立「扶危濟困基金」，爲經濟困難的病人提供治療，醫護人員定期到敬老院爲老人健檢，到盲校爲盲童義診……像這樣造福鄉里、愛心回饋，實在說不完，我們也樂觀其成。

修繕水塔挖水井

一萬七千美金，可以挽救兩千戶人家的性命，你信不信？九〇年代，因爲古城揚州運河的水質嚴重惡化，長科發心奔走，籌集了一萬七千美金，在運河邊的山上興建了兩座水塔，鋪設水管、挖井，使得運河邊的月塘鄉雙井村、陳集鄉丁橋村和雲橋村周圍五千餘村民的飲用水問題得到了解決。而這一切的起源，是一位名叫周玉霞的女士。

那是一九九九年，揚州有位二十四歲、新婚不久的婦女周玉霞，罹患嚴重的腎臟病，必須長期洗腎。她無力負擔龐大的醫療費用，丈夫要和她離婚。我、長科和郭慈聞師姊得知她的不幸遭遇後，馬上就去第四人民醫院看她，看能幫上什麼忙。隨後得知，周玉霞的母親也是得了腎臟病，不到四十歲就過世了，而這可能是他們常年飲用已經被汙染的河水所致。

在大陸，一般腎臟病人洗腎一次的費用大約是四百元人民幣，依病情嚴重程度增加洗腎的次數，費用當然也就增加許多；而當地人每個月平均收入不超過三百元人民幣，根本無法負擔洗腎的費用。而且洗腎得向工作單位請假，老闆通常是不准假的，許多腎臟病患者不想被解雇，生病還失業那還得了，只好拖著病體一天過一天，無疑是雪上加霜。

慈濟志工了解情況後，便在第四人民醫院設置救急金，有需要的患者可以向院方申請部分或全部醫療費用的補助。此外，慈濟基金會還捐贈三部法國製造的洗腎機，每部價值兩萬五千美元，以及治療肝病的藥物干擾素。

院長馮興琦先生、腎臟科主任況永勝先生表示十分感謝慈濟，馮院長更是驕傲地說：「我們醫院現已被評審爲江蘇第一級模範醫院。」長科與我覺得我們應該多做些，於是就有了修水塔、挖水井的動機。

做的事情多了，知道我們的人也多，只要找到我們，我們總希望能夠盡力幫助。二〇〇八年五月間四川發生大地震，我們聽了心裏好難過，得知慈濟已經進入災區定點發放熱食和義診、幫忙援建學校，我們才安下心來。

十一月初長科返鄉，在接受當地「揚州晚報」記者包聞軍先生採訪時，包先生說他在震災區東汽中學發現一個名叫魏國富的孩子，母親去世，唯一一間泥瓦房倒塌了，住校的魏國富吃不起食堂的飯菜，每天只靠兩袋方便麵果腹。長科當下便問了這孩子的聯絡方式，匯去一千元人民幣。

二〇一〇年四月十四日，青海省玉樹藏族自治州玉樹縣連續發生六次強震，我與長科決定去現場看看。看到我們兩個快八十歲的老人執意如此，很多朋友很擔心，陪同我們前往，說也奇怪，大家都有高原反應，我們卻能平安來去。

在故鄉推動慈濟

二〇〇三年退休至今，只要沒出遠門，每天我都和長科「環島一小時」，在我們住的巴布亞海邊一起散步，一路撿拾人家丟棄的瓶瓶罐罐。

鄰居老太太看到了，曾不解地問永立：「你爸媽住那麼好的房子，你是醫師那麼有錢，怎麼沒給他們零用錢，還讓他們去撿破爛？」

「哦，在大陸揚州有好多殘病孤兒、貧童，沒錢吃飯讀書。撿這些垃圾可以變成錢寄回去。我爸媽不是用在自己身上，是要拿去幫助需要幫助的人。」永立對她解說後，回來說給我聽。

在揚州有一位少婦，年紀輕輕二十六歲就得了血癌。爲了治病，她家人已變賣光所有家當，最後只好請求僑聯、僑辦幫忙協助。當時長科正好在揚州，僑辦就找長科想辦法。當長科去看她時，她流著淚訴說生病的無奈，站在母親身旁的六歲男孩，竟然向長科跪求：「請救救我媽媽……」

長科愛憐地牽起小男孩，輕輕撫摸他的頭說：「放心，我會的。」長科拿出十萬元人民幣，同行的日本朋友也出了一萬元，長科覺得很抱歉，對少婦說：「這醫療費用很龐大，這些錢恐怕還不夠，我們會再想辦法幫助你。」

後來，僑辦將這位少婦的故事登上報紙，總共募得四十萬元人民幣，讓她到北京接受骨髓移植手術。聽說她術後染患感冒，病情又惡化，長科緊急匯款給她，直到她恢復健康，我們才放下心來。

家鄉裏知道我們夫妻倆的人漸漸地多了，對我們也信任了，我們覺得因緣成熟了，開始把我們師父——證嚴上人濟世救人的理念，與慈濟大愛無國界的精神傳播出去。

我們的做法是，每次回到揚州，就聯絡各個不同的單位，也去不同的地方考察鼓勵有關機構，把實際情況和需求寫成報告，由我們帶回去給慈濟基金會審核、做出適當的援助決定。

我們在家鄉舉辦多次「慈濟志業座談會」，除了向大家介紹證嚴上人、慈濟志工們的善心義行，我更向大家道出自己的意願：「希望讓更多的人免受疾病的痛苦，是我永恆的追求。」鼓勵更多人奉獻更多的愛心，解決一切苦難。

有一年，長科在北京人民會堂演講，他轉述證嚴上人的智慧說：「慈濟人有兩種『教』不能信，就是『比較』和『計較』。」很多人第一次聽到，感覺理趣十足，甚是認同。

慈濟人不迷信也不碰政治，在國際上所做的一切超越了種族、國籍和信仰的不同，幫助人是不談條件、不求回報的。這分大愛情懷非常感動人心，令人嚮往，很多人都來問我們如何才能做慈濟志工，去做好事。

每次在大陸，我們寧願選擇坐火車而不搭飛機，一來可以把旅費省下來多做善事；二來希望跟當地旅客們多多接觸，我們的行李箱總是放滿了念佛機、慈濟的文宣冊子和口香糖。看見抽菸的人便送他們口香糖，跟他們談吸菸的壞處，祝福他們健康。我們也喜歡跟年輕人聊天，了解他們的處境，勉勵他們要勤懇做事，而且要從小處做起，不要只想賺大錢，給他們念佛機多念佛，讓心定下來。

我們還發現家鄉人們的環保意識很弱，長科自告奮勇在醫院成立「慈濟環保隊」，喊出「改善服務態度，提高服務質量」的口號，他親自帶領志工們打掃醫院，到各個病房跟病患及家屬親切問候，在互動中告訴他們慈濟的環保理念。他說：「良好的環境讓人舒心，良好的環境讓人健康，良好的環境需要大家來維護，怎麼維護呢？就是做環保。」

「環保？」幾乎沒人聽過這個詞兒，引起不少好奇。長科就告訴他們諸如惜福愛物、垃圾分類、資源回收這些觀念；最簡單的，不吸菸、不隨地吐痰、不丟垃圾也算是做環保。很多人聽了覺得有道理，一傳十、十傳百，加入「慈濟環保隊」的人也就漸多了。

祖國是子子孫孫的寶地，我們在祖國散播愛心的種子，這些種子一天一天地落在各處心田，等到因緣成熟，總有一天會萌芽成長。

國際賑災展廚藝

一九九八年密契颶風重創中南美洲，多明尼加、宏都拉斯多國傳出災情。那時，慈濟呼籲大家捐贈衣物「情牽中南美」，一貨櫃一貨櫃的二手衣洗燙整理過，像新衣服一樣，從臺灣海運到受災國家；而我們從美國出發，東岸、西岸加起來一百多位慈濟志工前往賑災。

長科六十六歲，是全團年紀最大的志工，隨著慈濟的賑災志工團前往災區。從洛杉磯飛紐約，再到休士頓轉機，舟車勞頓抵達多明尼加。長科花甲之齡，與年輕人一同進退，不僅能大展廚藝，爲大隊人馬料理飲食，也因爲他會說葡萄牙語、聽得懂西班牙語，方便與當地居民交流，成了團裏最好的助緣。

一到災區，看到的景象實在太震撼！整個山坡地滾石崩塌，街道上房子倒的倒、毀的毀，車子泡在爛泥裏，滿目瘡痍。幸運逃過劫難的人，就在空地上用幾根鐵條、幾片木板搭建一個小屋，全家人擠在裏面，還有狗，破爛克難的程度難以想像，連間廁所也沒有！

最讓人難過的是，爲了活下去，小孩子在垃圾堆裏翻找可以吃的、還可以用的東西，拿去變賣。

這群孩子有看來只有三、五歲的娃娃，也有十七、八歲的少年。這年紀的孩子不是該在家裏享受爸媽的疼愛、上學校受教育嗎？爲什麼會在這裏？難道一輩子都要困在這個「垃圾山」嗎？

二〇〇一年，我們跟著墨西哥墨西加利（Mexicali）慈濟聯絡處負責人郭慈聞師姊參與大陸賑災，在山區發放冬令物資給貧戶人家。時值寒冬，山上又特別寒冷，爲尊重生命，我堅持不穿毛皮外套，郭慈聞師姊看我只穿藍上衣、藍外套和一雙長筒襪，擔心我穿得不夠暖和，說：「你這樣一定會凍死的！」沒多久，天下起雪來了。

一團十六人趕緊加快發放，好讓鄉親們安全回家，在傍晚五點左右發放完畢，然後我們又趕去老人院關懷。看到老人們的床鋪都有破洞又滴水，只用幾張報紙墊著，我覺得很心酸、很不捨，好擔心他們如何度過寒冬。這時我真的覺得自己很有福報，還有外套、長襪可穿，比起他們的處境，我怎麼好意思說冷呢！

合心促成骨捐事

做慈濟這麼多年來，我跟長科都是出雙入對、形影不離，我們依佛心師志，全心全意投入。還有一件值得回憶的事——一九九八至一九九九年，橙縣慈濟志工合心協力促成骨髓捐贈的美事。

一九九八年某一天，橙縣聯絡處接到一通來自臺灣的電話說，有一位住在美國中部的血癌病患，在慈濟骨髓資料庫找到了配對骨髓，資料顯示配對骨髓當事人是來自臺灣，現住於爾灣的莫莉（化名）女士。

莫莉女士剛到美國不久，她的孩子就讀於爾灣慈濟人文學校，從小身體很弱，有先天性心臟病，前後已經動過七次手術，所以莫莉特別能體會病苦。慈濟志工告訴莫莉，她的骨髓配對成功，並詢問她是否願意捐髓。莫莉很快答應了，可是她的身子也很弱，捐髓者的身體狀況要達到一定標準才行。

在等待捐髓檢驗期間，慈濟志工以愛的接力方式爲莫莉補身體，每隔兩三天就帶補品給她，長科更是採買新鮮食材，負責熬營養湯，大家都希望讓莫莉在最佳狀況下捐髓救人。

捐髓當天下著大雨，志工們帶莫莉到醫院去，正擔心她會淋到雨，沒想到一到醫院雨就停了，送莫莉回家時也是一樣，一路上下雨，莫莉到家時雨就停了。我相信這是佛菩薩在保佑！莫莉捐髓後，志工們同樣以愛的接力照顧她。在這經驗中，我體會到慈濟人團隊合作的力量令人感動。

高齡承擔負責人

一九九八年，橙縣志工籌備多時的爾灣慈濟人文學校創校招生；看到孩子們在美國能夠學習中文，還能學習生活禮儀與人文，大家對未來都充滿了希望。我們提供助學金，做爲清寒學生學習中文和學校活動基金之用。

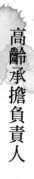

爲了讓在美國長大的孩子體會傳統中國節慶、不忘本，每年過農曆年時，學校舉辦新春活動，邀請長科和我到每班教室給孩子們發紅包；我們一群人跟著舞龍舞獅的隊伍，浩浩蕩蕩、親手把紅包與祝福送給孩子們。許多孩子帶竹筒回學校、倒入愛心大甕，我們很高興看到孩子們懂得感恩。長科是孩子們心中最慈藹的李爺爺。

二〇〇三至二〇〇五年，我有因緣承擔橙縣聯絡處負責人，乾女兒陳麗琍在行政工作上幫了我很多忙，每個月協助邀請不同的功能幹事值星、擔當會議主席，也爲後續傳承培養人才，讓更多人了解會務的運作而能順利接棒。

當時許多橙縣慈濟人與我的孩子年齡相仿，慈青、慈少更像是我的孫子一樣。我幾乎每天都到聯絡處，有人找我談孩子的教育問題，我就分享我的生命歷程，鼓勵大家重視家庭教育，強調母親的責任是維繫家庭團結的支柱。

我常常跟志工分享自己教養小孩的經驗。我看過一個朋友的孩子十歲了，還要母親餵飯，這樣寵慣小孩，長大是不能成材的。還有，不能跟別人的孩子比較，因爲孩子笨也是你生的，聰明也是你生的，不能怪孩子，要怪你自己。

曾經有位志工告訴我，她希望唯一的兒子能跟先生一樣從醫，可是孩子不願意，便鬧起家庭革命。我跟她說：「你要好好和孩子談，看他想要讀什麼。」又請她把孩子帶來，然後對孩子說：「我很喜歡你，你這孩子很聰明，將來是國家的棟梁。」可是孩子告訴我：「我媽媽不講理，她事事都勉強我，我的爸爸是醫師，她也要我當醫師。」我跟孩子說：「媽媽也是爲你著想，望子成龍嘛！」

我問孩子想做什麼，他說他想先玩一下，再看看想做什麼。我告訴媽媽：「你讓他到處走走看看，孩子養大了，要多聽聽孩子的意見。我們的世界就像井底之蛙觀天。」

高中畢業前，這孩子離家出走，媽媽從孩子刷信用卡的紀錄發現孩子在東岸，便斷了他的信用卡。孩子後來自己回到臺灣花蓮找師公上人（證嚴法師），又輾轉回到美國機場學修飛機，最後，又回到臺灣當了醫師。

身教教出貼心兒

雖然我們家經營餐館，但孩子們很小就打工賺錢，老五永達小時候幫鄰居溜狗，大一點幫鄰居洗船；賺了零用錢，就請二哥永立開車載他去買家庭用品，他們很小就知道體貼父母賺錢的辛苦，懂得分擔家務。

我信任孩子，因爲開餐館太忙，我把生活費放在家裏抽屜，要用的人自己拿，留個紙條就好。在美國長大的孩子上了高中就會在外打工、學點經驗，到了大學幾乎都獨立了，不會想要依靠家人。

孩子們上班後、一直到結婚前，賺的薪水都原封不動交給我。我會默默地幫他們保管起來，因爲這不是我的錢。等到孩子成家時，我會把這筆錢再補貼一些，幫他們付房子的頭期款。我常常勸告家長們，一定要幫孩子存點錢，這樣即使孩子成家後也能「藕斷絲連」。

我也和孩子分享創業投資的想法，如果手邊有八千元，借兩千元來做生意是可以的，但如果只有兩千元，卻要借貸八千元來做生意，這樣頭重腳輕是不行的。

還有，夫妻間不管有什麼爭執，媽媽和孩子相處時都不能講丈夫的不是，講了就會讓孩子覺得父親怎麼會是這樣的人。

我總是告訴爲人父母的志工們：「在孩子成長過程中，要和孩子培養感情，不要給孩子太大的壓力。」許多志工常常談起：「我每次到聯絡處，看到李師姊在，就像回到家，家中有個長輩在，覺得好安心。」

那兩年，我們除了和年輕志工打成一片，也因爲楊鐘和和吳麗雲夫婦的協助，在環保工作上接引了許多新志工，每個月回收變賣的金額很多，點點滴滴都進了功德海。二〇〇五年我卸任負責人，由楊師兄接任；一直到現在，楊師兄夫婦也八十多歲了，我們還常常一起出席慈濟活動，護持年輕人。

教育慈善覓福地

長科有個特點，他非常喜歡跟人分享慈濟，他口語流利，態度誠懇，說起慈濟滔滔不絕。他的車子裏一定有慈濟文宣，期刊、單張文宣、單張靜思語都有。到橙縣聯絡處時，他總是先到放文宣的桌子，看看最近有沒有進「新貨」，回家時，好帶一些回去。

在社區人行步道散步時，長科總是帶著中文、英文期刊，沿途挨家挨戶發著，遇到鄰居，寒暄幾句，送上一本期刊，還要說說慈濟，翻開期刊，證明所言不虛。

我還記得，有一次，我們二人去麵包店買麵包，長科也是跟老闆說慈濟，說著說著，兩人像是多年好友，愈談愈投機，啓發了老闆的悲心，麵包的錢還沒結帳，老闆倒是先開了一張捐款支票。後來演變成來這家店買麵包時，也同時收功德款。

我承擔負責人時，橙縣聯絡處位於聖塔安那市。當時我們倆和兒子商量，把公司的場地隔一塊出來，用市價的一半租給慈濟當聯絡處，我們兩老每個月又回捐高於租金的金額給慈濟。後來因爲志工和人文學校的學生大幅成長，需要找一個更大的家。

長科發揮他的長處，帶著志工尋找校地、募款，一心一意要幫人文學校和聯絡處找一個永遠的家。當時的想法是，如果聯絡處和學校的處所可以在一起，那麼從社區的發展來看，志工能充分支援學校，學生家長也可更常參與慈濟活動，緊密結合雙方的力量，人間菩薩大招生。

後來雖然因緣不具足，沒有買成校舍，但聯絡處總算在二〇一二年順利購置、遷入位於拉古納山（Laguna Hills）的辦公室。

老頑童與老媽媽

二〇一四年十二月二十日，橙縣法親在新的聯絡處幫我們舉辦結婚六十五周年紀念——「愛的傳承感恩會」。

五、六十位師兄師姊到場為我們祝福，其中有八位是即將受證的志工，黃思賢師兄、李靜誼師姊、簡慈恆師姊等幾位早期「創業」時的元老也都齊聚一堂。我們的兒子、媳婦、孫子們也都到了，看到家人和法親們聚在一起，真的是無比地感恩。

回顧歲月，前四十年像是一部穿越時空的苦難史，但我們步步腳印，沒有怨言。

長科謹記長輩的教誨：「做人要厚道，多做事不怕吃虧，厚道後到，福德就會到。」這句話讓我們受用無窮。

在慈濟法親心目中，長科像個老頑童，我像個老媽媽，大家都很喜歡親近我們，珍惜我們。我們已經親如家人，彼此關心、相互照顧，結下這分慈濟好緣。

在慈濟三十多年了，證嚴上人賜予我法號「靜琲」，長科是「思嵩」，我們能捐的，點點滴滴都捐了，能做的就全心全意投入去做。

環保讀書好開心

早些年，我們用在島上回收瓶罐的收入資助大陸四個小孩，其中三位因爲嚴重眼疾而看不見，我們幫孩子把眼睛治好，有三個讀到中學，後來因爲家裏環境不好，去做工了。另一位孩子是被母親抱著在路邊，因爲得了腎臟病沒有錢醫，我們資助一千兩百人民幣幫他把病治好，他後來讀了軍校，長大、結婚後還常常打電話給我們。

今年我已經八十七歲，長科也八十六歲了，新港灘政府後來不允許民眾撿拾島上的瓶瓶罐罐（回收物歸政府所有），但我們仍然每兩週一次到兒子公司各部門做環保回收，員工們知道我們會來，都會幫我們集中在定點。我們推著車，一個房間、一個房間將廢紙、瓶罐蒐集好，再親自開車送到聯絡處整理。

每個星期二早上，長科和我到聯絡處參加讀書會，聽師父說話、跟大家分享我們的人生歲月；中午簡單用過餐，長科和我便在環保室裏專心地摺報紙，兩個小時之後才回家休息。每天早上我會讀經，讀《藥師經》和〈普門品〉，有空時我喜歡讀師父的書，每一本我都愛看。現在的體力無法環島，但我們還是會在住家附近走走，或在家裏樓梯上上下下地走，身體要保持活動才會健康。

有人問起我們做環保的心得，長科說：「師父講的，做就對了嘛！」「師父也說，少煩惱，多做事，少說話。我們一定要把慈濟精神拿出來，長壽就是要少說話、多做事！」長科和我總是把師父的話記在心裏，年紀雖大，能做多少是多少。

我不喜歡穿金戴銀，也不喜歡買名牌衣服，有空就讀師父的書或做環保，這是我們的老年生活。我們有很多朋友都走了，他們年輕時很風光，老來就不好；我們老了，身體雖然有點小毛病，大致還不錯，晚上也睡得很好。大家說我臉上也沒什麼皺紋，感覺觀世音菩薩一直在冥冥中保佑著我們。

我們很少上館子，在外面吃一頓飯的費用，可以自己煮好幾餐了。如果非得在外面吃，我們也是能省則省，吃多少拿多少，絕不貪心；如果分量多還有剩，我們會打包回家當作下一頓，絕不浪費。我們夫妻倆省吃儉用，身上看不到一樣名牌衣物，但只要任何人有困難，我們一定義不容辭地盡力幫忙。

我的乾女兒陳麗琍也是慈濟人，她跟我們家住得近，我們一起訪貧、辦社區活動，在一起互動的時間很長，接觸得很深。年輕人眼力好，每回我們要開支票捐款給慈濟，就請她幫忙，當她照我們說的金額填上支票時，常驚訝地再一次確認：「您說的是……？」

大愛蔬果予溫飽

做了慈濟，各方面我們都很樂觀、很開心，孩子也支持我們，希望我們常常出來參加慈濟活動。二〇一六年底，美國總會副執行長蔡濟晉帶領美西志工推動「大愛蔬果車」計畫，在聖伯納汀諾地區的偏鄉小學發送新鮮蔬果，幫助貧窮的孩子有食物可以溫飽。

二〇一七年三月，長科和我出席一場為「大愛蔬果車」募款的榮董聯誼會，會中我們聽到蔡師兄提及蔬果車經費不足，無法購買冷藏車來保存蔬果，所以善心大德們捐贈的食物，等送到聖伯納汀諾時已經不那麼新鮮了。回到家我立刻寫了一張支票補足差額，請麗琍轉交蔡師兄；九月份看到有冷藏設備的大愛蔬果車正式啓用，我們心中眞的很感恩。

有錢出錢、有力出力，我們體力所及時，也盡量參與發放活動。

橙縣志工一年在聖塔安那市舉辦三次義診，二〇一七年四月二日的第一次義診首次加入蔬果發放，那天一早，楊鐘和夫婦來家裏接我們，到了義診現場，長科扶著我走入會場，看到志工們正忙著穿梭、帶領病患到不同科別看診，我們心中真的很歡喜。

走到蔬果發放現場時，長科接過一袋蔬果，遞給剛剛完成看診的病患，看著病患帶著滿足的笑靨，我心中也感到很踏實。

心甘情願永不累

有人問我們有沒有遇過困難，長科說：「困難是一定有的，但要想辦法化解，不要起煩惱心；人家的批評要把它『接受』下來，心存感恩，不勉強，帶著微笑，尊重他們。期望自己能用觀世音菩薩救苦救難的胸襟去面對。」

「心甘願，身不累，甘願做，歡喜受。」我們年輕時曾受過別人的恩惠，能力許可後，我們想一一回報恩人，更把多餘的財力回饋社會，每天忙碌，卻是愈做愈歡喜。因爲這分歡喜心，把一切的倦意都沖淡了。

長科說：「幫助人是件快樂的事，我天天做快樂的事，所以我天天都好開心呀！」比起財富，留德給子孫，才是最珍貴、最有智慧的資產。

二〇一七年九月，長科返臺，證嚴上人送他《無量義經》抄經本。

半年來，他已習慣靜心、淨心地抄經文。他也謹記上人的叮囑：「右肩要擔起佛教的責任，左肩代表慈濟的形象，胸前則掛著自己個人的氣質；社會災難愈大，慈濟委員的責任更沈重。」我曾問長科，這樣的年紀，還要四處奔走，向不相識的人勸募，與各種單位接洽，會不會覺得累？

他卻一派天眞地告訴我，「看到幫助的人慢慢好了，怎麼會累？」沒錯，幫助人是件快樂的事情，正如上人所說：「甘願做，歡喜受。」口多說好話、手多做好事、腳多走好路。這種付出無所求的法喜，只有試過才能體會。

輯六

惜福惜緣 法親篇

儘管年事已高，兩位老人家仍盡量出席橙縣聯絡處的活動，給予志工們鼓勵與支持。每年新春時，爾灣慈濟人文學校的學生最期待的是李爺爺、李奶奶到教室發新年紅包；在社區讀書會、義診現場、聖伯納汀諾蔬果發放現場等，都有他們的足跡。

老人家出現，散發著一股「不是親人，勝似親人」的愛，總是讓人很心安，就像所做的事獲得家中長輩的肯定一般。

微光中重燃希望

撰文／蔡穎

我出生在歷史悠久、風景秀美的揚州城。因爲一場突如其來的大病，改變了我的人生軌跡，也因此讓我認識了美籍華人李長科先生，正是他，成了我永遠銘記在心的救命恩人。

二〇〇一年，我三十歲、兒子五歲。記得那年盛夏的某一天，我的雙腿莫名疼痛，繼而持續高燒，被醫院確診爲急性淋巴白血病，這猶如青天霹靂，把我們原本平靜的家擊垮了。

我成了白血病患者，天天戴著白色的紗布口罩，住在醫院，驗血、抽骨髓、打吊瓶成了家常便飯。每次抽骨髓時，我都淚水漣漣，「爲什麼老天爺這麼不公平，讓我得了不治之症？」

媽媽每次來醫院看我，總是掩飾了她的悲傷，給我鼓勵，喚醒我活下去的勇氣。我知道，媽媽不容易，不但要在家爲我燒飯，注意營養搭配，還要忍受心靈上的巨大痛苦：所以我非常配合，家人送的飯菜，哪怕化療嘔吐反應再強烈，都要想辦法吃下去，和病魔做抗爭。

化療會出現各種各樣的併發症，有時高燒不退，有時血小板很低，隨時會有生命危險，但是在醫師的精心治療和家人的悉心照料下，我終於過五關斬六將。經歷了四個化學療程，我的病情一直處於緩解狀態，此時是骨髓移植最佳時期，眾所周知，骨髓移植是根治白血病的唯一方法，而兄弟姊妹的配型成功機率是四分之一。

院方讓我去上海和妹妹配型，可惜的是上海化驗結果顯示，妹妹不符合我的移植要求。之後，媽媽又費盡周折，與臺灣慈濟骨髓庫聯繫，在十萬份骨髓資料中找到一份初配型成功的四個點，但是與供者進一步配型的兩個點未能配上，當時我和媽的淚水就撲簌簌地流下來……

化療繼續維持著我的生命，不知什麼時候是盡頭。有一天，爸爸從新聞上看到一則消息，北京人民醫院替一位軍人做了首例臍帶血移植，挺成功的，並且介紹臍帶血移植有它的優勢，配型不像骨髓那麼嚴格，只要配上四個點就可以。

看到振奮人心的消息，我們立即打電話到北京臍血庫，發了傳眞過去，沒想到配了一份五個點。臍血庫的工作人員說：「一個成人移植需要兩份臍帶血，其中一份在體內自行吸收。」他叫我們再到山東臍血庫找找看，結果找到了一份六個點和一份五個點，簡直太好了！

當時我們諮詢臍帶血移植事項時，有一位姜博士熱情地一一做解答，還幫我們聯繫北京人民醫院的任主任。我們把資料傳眞過去，任主任答應替我做移植。我們百感交集，終於有救了，但憂的是幾十萬的費用從何而來？

年逾半百的媽媽，爲了生命的希望，開始替我四處籌錢，每天早出晚歸，到各大廠去，有的領導聽了媽媽的訴說比較同情，資助兩、三千，有的置之不理，還抱怨說：「我這有病的多著呢！走吧！」媽媽歷盡艱辛，臉也憔悴了，銀絲爭先恐後爬上了頭，我很心疼，如果天黑，媽媽還未回家，我就像熱鍋上的螞蟻特別焦急。

與此同時，我先生也到處籌錢，正爲錢一籌莫展時，無意中從報上得知，揚州的美籍華人李長科先生做了很多善事。我們立即向僑聯求助，值得慶幸的是，僑聯領導獲悉我們的眞實情況後，表示願意幫我們聯繫李先生。

第二天，僑聯領導告訴我們，非常巧，李先生一星期後回國。在僑聯的幫助下，李先生答應和我們見上一面。那天清晨，太陽在雲層裏遲遲不肯出來，深秋的風吹在身上有些瑟瑟作寒，我和媽媽帶著兒子來到僑聯辦公室樓下，忐忑不安地等待李先生的出現。

我在心裏默默禱告：「李長科先生，您一定要救救我，孩子還小，不能讓他這麼年幼就失去母親，而我的媽媽，敬愛的媽媽，她也不能失去我。李先生，您一定要幫我，您要是拒絕的話，媽媽的心是最難受的，菩薩保佑我。」

這時，李先生在僑聯領導的陪同下緩緩走來。他慈眉善目，與眾不同的是有一把長長的白鬍子，特別像耶誕老人，我們充滿期待地迎上去，他虔誠地向我們雙手合十，我也恭敬地向他作揖。

此時此刻，我眼睛溼潤了，感覺他就是我的救星。兒子用稚嫩的聲音向爺爺問好，李先生慈愛地摸著兒子的頭，詢問了我的情況後，深表同情，並稱我像一尊菩薩，他答應一定會幫我的。

媽媽和我激動萬分，千謝萬謝救命恩人。其實，站在我面前的白鬍子爺爺，在我心裏，您才是救人的活菩薩啊！此時，太陽終於露出了閃耀的光芒，沐浴其中，溫暖舒暢，感覺生命是多麼美好！

李先生帶著媒體來看望我，把自己捨不得吃的美國魚油和維他命送給我補養身體，並承諾我移植時捐贈十萬人民幣，他的日本朋友戴長榮先生捐一萬人民幣。這個好消息從天而降，我們一家熱淚盈眶，激動不已。

李先生這一大筆贊助給我的骨髓移植帶來了希望，奠定了一個堅實的基礎。緊接著，他樂善好施的事蹟登在《揚州晚報》上。同學得知我生病的消息，立即組織老師和校友替我募捐，他們用愛心爲我撐起了一片藍天，我手捧著一束束鮮花，心情久久不能平靜。身患重病，固然不幸，但收到這麼多愛心，我是幸運的。

有了李先生和愛心人士的慷慨捐助，再加上親戚朋友的借貸，我們終於踏上了去北京的列車。

經過一系列檢查，又化療一個療程後，把頭髮全剃光，準備就緒，進入無菌室進行移植手術。當暗紅色臍帶血一滴滴從管中緩緩地流入我的體內時，見證生命奇蹟的時刻到了。移植後第三天，白細胞長了五十個，移植成功了，我們一家歡欣鼓舞。

大約在院裏待了四十九天，準備過幾天就出院了，突然我肚子隱隱作痛，經過病毒篩查，確診我感染了巨細胞病毒，如控制不了，會有生命危險，而且用藥時間長，一個半月一個療程，一個療程就得三、四萬人民幣。

移植已花費三十萬人民幣，哪有錢再治？萬般無奈下，媽媽請求僑聯希望李先生能夠再資助兩萬人民幣，李先生慷慨地表示：「最大的困難都挺過來了，不要輸在最後關頭。」隨即把錢打在醫院的帳戶上，讓我得以繼續治療。

我由衷感謝李先生在我多次危難時刻及時幫助了我，讓我擺脫了一次又一次的病魔，戰勝一次又一次的困難，把我從死亡線上拉了回來。

二〇〇四年，我終於踏上從北京前往揚州的第一列火車。

回揚州在家休養期間，李先生拿出兩千元人民幣讓我補養身體，恢復健康；次年，他和夫人一同來看望我，見我面色紅潤，恢復得不錯，甚是欣喜，並邀我參加一些慈濟活動，認識了很多師兄師姊，讓我接觸慈濟、了解慈濟、融入到慈濟志業中。

當我身體較好時，我和師兄師姊一起去慰問貧戶，了解人間疾苦，盡己之能去幫助別人，散播愛心。

如今，我的身體各項指標都正常，能夠在家操持家務，並且在藥店上班，和正常人一樣。每年捐善款給慈濟，至今多年了。

「滴水之恩，當湧泉相報。」李先生的大恩大德，永生不忘。他和夫人省吃儉用，把財力和精力投身到慈濟志業中的諸多事蹟，亦感染著我和周圍一大批志工，揚州的志工隊伍日益壯大，他希望把人間大愛到處播散，讓世界更加和諧，人間處處充滿愛。

感恩李先生把我引領入一條通往人間大愛、無上光榮的行善大道中，我會竭盡所能，積極加入慈濟志工行列，把愛的火炬繼續傳遞下去。

關懷藏胞高原行

撰文／次成巴姆

位於中國青海省西南部的玉樹藏族自治州，藏族人口約占百分之九十七，自治州首府位於玉樹市結古鎮。二〇一〇年四月十四日上午七時，玉樹縣（現爲玉樹市）發生芮氏規模七點一大地震，導致至少兩千六百九十八人遇難，兩百七十人失蹤，一萬兩千一百三十五人受傷。結古鎮全部停電，由於大部分建築都是土木結構，重災區附近西杭村的民屋百分之九十九倒塌。此外，整個玉樹州有百分之七十的學校房屋垮塌。震後，當地民眾與僧侶展開自救，中國政府及人民解放軍也展開了救援行動。

地震同年，近八十高齡的李長科從美國飛往四千八百公尺海拔高的青海玉樹，爬上禪古寺與結古寺的山上查看災情，友善地與人們打招呼，甚至捲起袖子幫小餐館的老闆娘當起助手，勸說隔壁年輕人不要抽菸……隨喜見到的每一件事。

二〇一二年九月，我和王靜師兄有幸與李長科、李素清夫婦，踏上了去往玉樹縣安沖鄉郭煥民扶貧慈善學校之行。初見李老夫婦是在西寧的招待所，因爲他們當天從上海搭機飛往西寧，住進招待所的時候已經快半夜了，而第二天是一早的飛機趕往玉樹。

從西寧到玉樹結古鎮，一天只有兩班飛機，而我們還要乘車翻過一座四千八百公尺的雪山，穿過一片山谷，要三、四個小時的車程，才能到達通天河畔的學校。我看著他們的白髮和略顯疲憊的神色，心裏有些打退堂鼓，畢竟這個路程是要飛越高原的，特別是李太太，第一次上高原，還有心臟問題。

第二天在西寧機場等飛機的時候，得空和李老太聊了起來，才知道這對夫婦如此不平凡的一生。我聽著李太輕聲講述著她當年帶著一個九歲的兒子，從江南村裏趕去南方，偷渡至香港，再乘著輪船飄洋過海去尋夫的故事。整個過程中，她一再被告知先生已經過世或者已經再娶，而也有不錯的人家要留她下來。

而她僅憑著堅強樸素的「活著見人，死了見屍」的信念，成功地帶著兒子走了大半個地球找到了李老。我不能想像李老第一眼見到李太和兒子的激動與感動，只是能夠明白他們爲什麼走到今天還是如此相敬如賓、相濡以沫。

看著李太姣好娟秀的面孔，我突然間一點也不擔心了，一個經歷過如此大風大浪的女子，上個高原有什麼問題！

玉樹很快就到了，白瑪丹增活佛派司機來接我們過去村裏。一路上李老的外向與健談，讓我們快樂地翻過四千八百公尺的高原，進入了美麗的山谷。這是一片蓮師（藏傳佛教祖師蓮花生大士）親自加持過的土地，山青水秀，處處透著靈性。

五彩的經幡掛在山崖口，有一處蓮師親自放置的降魔石，看似不可能地豎立了近千年，之前的玉樹大地震震垮了鎮上大大小小的寺廟，這塊石頭卻是巍然不動，如同蓮師堅定的發心。

一路上李太溫婉地沈默著。當我們問她情況如何時，她溫暖地笑：「觀世音菩薩一路護佑，我的心很定！」

從山谷裏出來，一個急轉彎，就看見了如絲帶般環繞群山的通天河。這可是《西遊記》裏唐僧西天取經經過的地方呢！通天河畔，就是布讓村，上了山是白瑪丹增活佛住持的拉孔寺，山下就是村落。我們要去的慈善小學就建在村裏。

二〇一〇年，玉樹大地震造成很多當地藏民流離失所，只能住在救災帳棚。特別是在失親藏民中，有相當一些是未成年的孤兒和單親兒童，他們失去家長與生活來源，亟需照料。

儘管國家有義務教育的制度，政府也非常關注災區的兒童教育，建造了許多公辦中心學校，但由於這些學校往往離高拔地區路途遙遠，交通不便，即使學校免收學費和住宿費，但往來交通費、餐費、文具用品費、校服費等，對於很多貧困地區的藏民家庭來說，仍是一筆無力負擔的開銷，因此在這些地區，仍然有大量兒童失學在家。

因此，白瑪丹增活佛決定在玉樹建立慈善學校，一方面收納一部分的地震孤兒與單親兒童，幫助他們過上穩定溫暖的生活，並且儘早恢復求學，另一方面也為當地貧困的失學兒童，提供一個就近就讀的場所，一舉兩得地解決他們上學的問題。

布讓村村裏原來就有三十餘名失學兒童，由於家庭貧困，無力去國家義務學校住宿上課。因此，村政府和居民十分歡迎在這裏建立學校。李老夫婦為了這個學校四處奔走籌錢，因慈善學校最早是由臺灣郭煥民老先生出資建設，學校名為「郭煥民扶貧慈善學校」，並於二〇一二年四月正式開學。

李老夫婦來的時候，學校已招收五十八名學生，分一、二兩個年級。初期招募三名教師，開設語文、數學、藏語三門課程。因爲學生超額，校舍、經費有限，有一部分學生只能在帳棚裏上課。知道李老夫婦要來，小學生們都穿上了節日的服裝來迎接，而李老夫婦也顧不得一路上顛簸，第一時間就來到學校察看。

九月的布讓村已有了初冬的寒意，李老、李太穿著棉大衣走進學校，並在帳棚給剛入學的一年級小朋友們上課。他們親切地鼓勵學生們好好讀書，並承諾：「我們會繼續盡力籌錢，讓你們及早到房子裏上學！」

入夜了，我們幾個人擠在拉孔寺剛建成的一間客房裏。玉樹地震後，整個村落都在重建，寺廟也不例外。廁所在這裏是個奢侈品，如廁是在月光下的土堆旁。畢竟這裏是海拔三千公尺，李老已經開始有輕度的高原反應，嘴唇發紫，走路喘得厲害。出乎我們的意料，李太卻比李老的狀態要好得多，是觀音菩薩的加持吧。晚上，我們放了個尿盆在房間裏，相信這是個難熬之夜……

看到李老的狀態，我們第二天就回到了玉樹州上，在結古鎮稍作休息，當晚就準備飛回西寧。在鎮上，王靜師兄帶著李老和李太去買轉經筒，卻走散了，手機也沒帶。大家都很著急，眼看趕飛機來不及了，我的心卻很定，我知道李老太此行的發心是如此清淨，觀世音菩薩一定會保佑一切順利的。

果然，就在我們準備開車去滿大街找他們的時候，他們三個奇蹟般地自己走回來了！只要我們心誠，信心堅定，菩薩的加持永遠都在！

李老、李太，真心地感謝你們對藏區慈善小學的至誠幫助。沒有你們，這個小學不會得以成立，而這些孩子們也會錯過受教育的機會。繼你們之後，復旦大學的大學生們和志願者們多次踩點這個學校，給孩子們帶來最新的教材和最好的師資。感恩有你們！

從好奇轉爲敬佩

簡婉平口述／林綺芬撰文

一九八九年我在超市收到一張傳單，上面寫著在科斯塔梅薩的杭州小館，有一場「慈濟」舉辦的茶會。「慈濟」這個名字對我來說很新鮮好奇，我想就去聽聽看吧！

那天在餐館裏，有幾位資深的慈濟人，像是蔡慈璽師姊、李靜誼師姊、王思宏師兄、李德軒師兄等都做了分享，講得很深入而且很感動，我聽了就唏哩嘩啦地哭，心想這個團體做的事怎麼會這麼動人？

我在美國住得久，聽完這個茶會很感動，便寫了一張感謝卡寄給李長科師兄。我說，「恭喜你做得那麼成功，我很感動你們的講師講得這麼好。」因爲這張謝卡，李師兄打電話給我，邀我幫忙成立科斯塔梅薩慈濟聯絡處。

跟李師兄見面後，覺得他們夫婦人很好，也很熱心要爲慈濟做事，便答應了。他在大兒子李永松的律師事務所樓上挪出一個房間給慈濟當聯絡處，我們把上人法相、桌子、櫃子都設置好，放些文宣，就這樣，六個月後成立了橙縣第一個聯絡處。

我和李師兄、李師姊在那裏辦茶會、菩薩大招生，也邀請我的畫畫老師來教畫圖、我的美國網球教練來教英文會話，如何上街買被單、買家具、上館子點菜和禮儀等，大家都很有興趣，甚至還實地上店鋪實習，大家感情十分融洽。

我對李師兄、李師姊的印象非常好，尤其是李師姊，就像觀世音菩薩一樣慈悲，我曾告訴她：「我眞的很佩服您，英文不太會講，卻有辦法適應美國的環境；學歷也不算高，卻能把五個兒子教得服服貼貼。」

我們雖然從小教導孩子要孝順父母，但很少有人像李師姊一開口，有時甚至不必開口，小孩就知道該做什麼。

我們都來自中國，我從香港來，看見小孩辛苦了，心疼小孩就想說讓他去吧，慢慢地就變成寵小孩。許多來美國念大學、拿了學位的人，教的小孩都沒有李師姊教得那麼孝敬父母，這是我最佩服她的地方。

李師姊是一位很有智慧的女人，李師兄屬猴，常會有許多想法出現，李師姊就從後面幫他踩煞車。「歡福」成立之初，我常看到他們的三個兒子一起到律師事務所，討論如何把這個家庭企業做得更好。

他們夫妻把孩子帶到這個企業後就放手，讓孩子們自己做。現在無論他們要捐款或做較大的決定，都需要家庭企業一起支持。

認識他們二十七年，我對他們最深的感覺就是，他們有一顆很慈悲的心，很願意幫助別人。

厚人薄己成典範

陳麗琍口述／林綺芬撰文

家裏的電話響了，李師姊在電話那頭說：「Lily 啊，我今天還沒跟你說到話……」要不就是說：「上人太辛苦了，現在我年紀大了，幫不了太多忙，下輩子還要回來做人，要幫上人做好多事，Lily 啊，我們約好下輩子要在一起喔！」

每當各媒體報導全球哪裏有災難時，李師姊會自動打電話告訴我：「Lily 啊，上人需要錢了！」我聽了總是笑著回她，「不是上人要錢，是災難又發生了，上人不忍看到眾人受苦，必定呼籲慈濟人前去關懷。」

二〇一七年五月二十一日，我帶李師姊去參加南加州佛教界舉辦的「菩提媽媽」表揚典禮，師姊聽到主持人讀她的表揚事蹟時，淚流滿面，這些年的陪伴，我知道她心中的苦……

早期，慈濟爾灣聯絡處原本在王慈珞師姊家活動；一九九八年左右，爾灣慈濟人文學校剛成立，因爲會務和會員人數大幅成長、舊會所無法容納，我們決定另尋地點。李師兄一心一意想爲學校尋覓校地，同時納入聯絡處的功能；當時我承擔橙縣聯絡處負責人，他常帶著我和幾位志工到處看校址，因此熟稔起來。

當時我先生在臺灣工作，若是我要回臺灣，李師兄會幫我照顧就讀國、高中的孩子和姪女，常常煮東西帶來給孩子們，因此孩子們對李師兄夫妻就像爺爺、奶奶般親切。

二〇〇三年至二〇〇五年，李師姊承擔聯絡處負責人，因爲年紀較大，我時常幫她處理一些文書與聯絡性事務，因而跟兩位老菩薩互動更密切；之後，他們若有機會回到臺灣，我和家人也會幫他們打理住宿、交通等問題。

因爲在李師姊身上看到媽媽的影子，我覺得與她特別投緣。

李師姊和我媽媽一樣都是很有毅力、很堅強的女人。我媽媽是在睡夢中離開的，算是突然；離開後，我看到她從年輕到老穿的襪套，花花綠綠、一雙一雙疊得整整齊齊，幾十年來都保存著。

這情形就如李師姊給我的印象，她的東西也都摺得整整齊齊，多年前她讓我看一雙好精緻的布鞋，是她手工縫給孫子的。

李師姊雖然住在高級區的海邊島上，節儉樂施助人的情形感動左右鄰居，夫妻倆每天環島一周做環保、撿拾資源回收物，點滴收入認養六位大陸學童，至今有的已大學畢業、成家立業……老菩薩自己生活簡樸、粗茶淡飯，但樂於從事公益，還曾經獲得加州新港灘市政府頒發感謝狀。

印象最深刻的是，有一次我們帶一位血癌病人去洛杉磯市中心複診，回到爾灣時已經中午，我們想先吃個午餐再回家，便到大華超市點自助餐，我想每個人吃一個便當差不多，沒想到李師姊只點了一份美金一塊錢的炒米粉。當時我驚訝得說不出話，心想，她怎麼節省成這樣。

每次，她要我幫忙寫給慈濟的支票，都是幾千、上萬地捐，對別人總是大大方方。我姪女結婚時，李師姊幫她準備一個珠寶盒，裏面放了許多傳統女紅，祝福她，就像一位奶奶對自己的孫女一樣疼愛。

李師姊一生吃了很多苦，她常告訴我：「Lily啊，女人要靠自己，財務要獨立。」我從她身上學到好多，她眞是個非常有智慧的長者，是我們的典範。

二〇一四年，八十五歲的李師姊心想年歲已大，心心念念想見上人，於是我們回到心靈的故鄉——花蓮靜思精舍，見了上人並稟告上人，希望能出版一本書，將他們夫妻一路走來，七十年歲月的考驗與挫折，到接觸慈濟世界，跟隨上人走菩薩道、化苦難爲大愛的心路歷程寫下來。這就是出版這本書的緣起。

不是親人勝親人

撰文／王純瑾

「來，我告訴你，供佛的水要用溫水。」李師姊牽著我的手到茶水間，把供佛的水杯清洗後，小心翼翼地倒了冷開水與熱水在供杯中，混合成溫開水，恭敬地供奉在佛桌上。

這是慈濟橙縣聯絡處剛剛搬到聖塔安那市時，我到聯絡處值班巧遇李師姊，她像母親般手把手教我供佛的規矩。這一幕，時常在我腦海中浮現，養成我日後供佛時，都以清淨溫開水供佛的習慣。

李師兄與李師姊是創立橙縣聯絡處的元老，兩位老人家用父母的心呵護著志工。每當志工家有值青少年孩子，與父母在溝通上有了隔閡，李師姊知道後，會說：「沒關係，把孩子帶來，我來跟他說。」

她用奶奶的立場與孩子溝通，儘管吳儂軟語揚州話很難聽懂，所呈現出來的身教與愛心，卻讓孩子不斷點頭稱是。然後，李師姊會叮嚀為人父母者，「要信任孩子啊，給他發展空間，你信任他，他就會好好表現給你看。」

李師姊常常分享她養育五個孩子的過程，五個孩子性向不同，各有所長，她從信任與支持點出發，做孩子的後盾。

談到李師兄，腦海第一個浮現的畫面是留著長長的鬍子，嗓門不小，笑起來很大聲的爺爺。李師兄在「人間菩薩」招生上，功夫實屬一流。他的車子裏一定放有各式慈濟文宣，晨昏時刻與李師姊在海邊散步時，手上拿著文宣與路人分享。

他們的鄰居定時收到文宣，到麵包店買麵包，也會跟老闆聊慈濟，送上文宣，然後，就招收到一個新會員。

李師兄曾分享，他如何用慈濟文宣平息紛爭的故事。

有一年，他回大陸老家，照例帶著一箱慈濟文宣隨行，當時大陸還不是很開放，也沒有網路，是比較封閉的社會。有一次坐火車，他看到兩邊人在爭吵，吵得很兇，於是走過去，把慈濟在世界各地幫助苦難人的故事講給他們聽，也送每人一份慈濟文宣，也許是轉移了注意力，也許是聽到了新鮮事，兩邊人馬讀了文宣後，彼此就不吵了。

李師兄說：「慈濟文宣很好用啊，每一個慈濟人都要隨身帶著，這是講說慈濟最好的工具！」

儘管年事已高，兩位老人家仍盡量出席橙縣聯絡處的活動，給予志工們鼓勵與支持。每年新春時，爾灣慈濟人文學校的學生最期待的是李爺爺、李奶奶到教室發新年紅包；在社區讀書會、義診現場、聖伯納迪諾蔬果發放現場等，都有他們的足跡。

老人家出現，散發著一股「不是親人，勝似親人」的愛，總是讓人很心安，就像所做的事獲得家中長輩的肯定一般。

平常心面對禍福

撰文／程美玉

早期在慈濟值班的日子，經常見到李師姊低著頭默默地在疊報紙，我就利用時間陪她一起做環保。李師姊的揚州口音，我一知半解，但不好意思說聽不懂，還是頻頻點頭示意；那時，李師兄偶爾會回大陸，去值班時，我就帶中飯與她共餐。

認識李師姊自然就認識李師兄，從李師姊的細述中，才知道他們一路走來是那麼辛苦，尤其未出嫁前，她是大地主的閨秀，卻需要在李師兄出外謀生後，獨挑起家計大梁，在農田裏做起非一般女人能做的工作，冬天冰龜其手，夏日炎炎汗流浹背，日焦其額還是不能停止工作；沒有埋怨，也不敢埋怨，因她要履行諾言，頂起丈夫照顧全家大小的責任。

李師兄一離家就是十年，可以想像李師姊的日子，是何等的辛苦和寂寞，夜闌人靜時的空虛和失落感，十年間，日子都是在等待，等待丈夫的音信，等待著他事業有成地歸來。

然而事不從人願，李師兄在外的前幾年，也是吃盡了苦頭，三番兩次地換工作，有時窮極潦倒、狼狽不堪，甚至夜宿街頭。

想想他們兩人的過去，一個在東，一個在西，一個日出而作，日入而息，一個從最低層的工作做起，埋頭苦幹，虛心學習，唯恐學不到烹飪技巧，不能成大器，所以經常委曲求全比別人更認真地付出。證嚴上人說：「做就對了！」這幾個字聽起來很簡單，其實談何容易？

但在李師兄未認識上人前，他就做到了。看看李師姊長得那麼秀氣，誰相信她能克服那漫漫長路，十年辛苦歲月竟然沒有被打倒，她還有什麼做不成呢！

我值班的日子都在聽李師姊講往事，故事是心酸的，但他們夫婦不屈不撓和吃苦的精神令我佩服。幸好皇天不負苦心人，如今他們的餐廳生意興隆，兒子秉承父母的事業而發揚光大，兄弟合作無間相輔相成，對父母孝順，敬業又樂群，眞是一個模範大家庭。

儘管李氏家族事業做得很成功，卻沒有一個人吝嗇，尤其李師兄和李師姊一生省吃儉用卻樂善好施，經常聞聲救苦、毫不猶豫地慷慨解囊，他們是慈濟的老菩薩，人人尊敬他們。

天有不測風雲，人有旦夕禍福。八年前，我們失去了小女兒，在那悲傷到極點的日子裏，只有淚流不已，心中的苦楚，眞是一言難盡！李師姊爲了安慰我，說出他們大兒子的故事，我們都是苦難人，在這崎嶇不平的人生道路上，又加了一條更難走的路。然而，李師姊的勇敢面對和放下，使我多少也受到她的影響，她是我的長輩，我很感激她給的安慰和開導。

上人有許多好弟子，李師兄和李師姊就是人人該學習的楷模，我有幸與他們認識，在人生的旅途上又增加了知己，這何等幸運。

始終如一的堅持

朱益中口述／林綺芬撰文

我跟李師兄、李師姊住得近，遇見他們是一種緣分。

二〇〇六年橙縣聯絡處還在聖塔安那市的舊會所時，某個晚上活動結束，有位師姊請我送李師兄夫婦回家，我才知道他們晚上無法開車、白天也只能開短程。因此，往後若有晚上結束的活動，我就會主動接送他們。

時常接觸後，知道李師姊帶著十塊錢與大兒子離開大陸尋夫的故事，也從他們日常點滴看到令我敬佩處。

李師姊非常節儉，在生活上一分一毫的花費都非常嚴苛，存下來的錢完全用在幫助苦難人身上。有一次，他們打算回大陸揚州關懷當地的慈濟人，行前我帶他們去購物，李師姊花錢買很好的東西帶回揚州，自己身上的牛仔褲卻是很便宜的質料。我們看不下去，想幫她買好一點的褲子，她都不要，她只堅持自己的信念。

平時，他們在家裏吃得很簡單，但邀我去家裏吃飯時，會特別煮我愛吃的；若是我要邀他們去外面吃，他們就會婉拒，不希望我花那筆錢。

他們非常自律，除了吃得簡單，還有每天照三餐、始終如一的運動習慣。他們住的島上空氣很好，李師姊雖然膝關節不大好，還是嚴格要求自己要規律運動。若是參加活動，回到家也會另找時間補上，下雨天則在家裏走樓梯。

他們家是兩層樓的房子，房間在二樓，每次我要扶他們，他們總說要自己來，慢慢走；扶著欄杆一步一步往上走、一步一步往下走。因爲長久堅持習慣，兩老超過八十五歲高齡，仍能時常從美國搭機到中國上海、轉車到揚州，參加當地的活動；結束後，再一路輾轉回到美國。他們不因自己的年紀或各種狀況，幫自己找藉口。

李師兄豪氣干雲、四海一家，李師姊克勤克儉、嚴守承諾。我從他們身上看到相敬如賓的夫妻相處之道，李師姊含辛持家，又堅守對先生的承諾，將孩子帶大。她靠著希望與信念，把孩子帶到父親面前。她的承諾，她做到了。

或許是想彌補年輕時對李師姊的虧欠，李師兄常常告訴我：「太太說的一定要用心聽進去，要努力去做。」他以前沒有辦法做到的，現在用心在做，用所有時間、能力來陪伴李師姊，讓她快樂。

李師兄很有正義感，因爲個性比較急，之前開會有時講話會比較大聲，但他從來不記恨。他常告訴我，「不管怎麼樣，過去的就過去了，人與人之間的摩擦與恩怨，甚至是夫妻、朋友相處，千萬不要記恨，因爲記在心裏，就會不斷吞噬自己的心，產生很多煩惱。」

他們平時克勤克儉，遇到需要幫助的人卻毫不吝惜。榮董聯誼時，李師姊知道南加州推動中的大愛蔬果車募款計畫仍差五千美元，她二話不說，告訴負責的蔡濟晉師兄：「剩下的我來補。」平時的節儉，一遇到苦難眾生需要，豪氣不讓鬚眉。

有時我會想，我也是在幫助人，但他們是無時無刻把時間、生命、金錢都奉獻在幫助別人上。最令我佩服的是，他們不因爲自己有錢而改變生活型態，歲歲年年始終如一。

他們做到了，而且繼續在做，不會改變。

年表

一九三一	李素清出生於中國大陸江蘇揚州
一九三二	李長科出生於中國大陸江蘇揚州
一九四五	李長科到中國大陸上海工作，十五歲學廚
一九四九	李長科與李素清在上海結婚
一九五〇	李長科離家到香港，長子永松在揚州出生
一九五二	李長科偷渡到日本
一九五五	李長科前往巴西
一九五七	李素清攜永松到香港，準備出國尋夫
一九五九	李素清母子到巴西與長科團圓
一九六〇	次子永立出生
一九六一	三子永基出生

一九六二　在巴西自營四海飯店，一九七五年交由李長科的弟弟經營

一九六四　四子永定出生

一九六九　李長科與永松赴美，五子永達出生

一九七二　在美國南加州自營松園飯店

一九七三　李素清首次回中國大陸探親、臺灣觀光

一九七五　李素清攜子移民美國，全家團圓
杭州小館、金殿樓、海景樓陸續開業

一九七六　李長科首次返中國大陸，遇唐山大地震

一九七七　臺灣賽洛瑪颱風災情嚴重，捐款慈濟，迄今不輟

一九八一　李長科的母親往生

一九八四　揚州觀音山修繕工程動工

一九八八　永基、永定、永達三兄弟成立「歡福」速食店，如今有八十
多家連鎖店

一九八九　捐贈兩部救護車給揚州鑑眞醫院，並捐助醫院修繕工程
援建揚州清龍小學，設置獎助學金

一九九〇　自此，於美國杭州小館舉辦多次慈濟茶會

一九九二　夫婦二人參訪花蓮靜思精舍，返美後積極參與慈濟活動，上人賜予法號「思嵩」、「靜琲」
二度進精舍，將揚州鑑眞醫院名譽院長聘書呈交證嚴上人
慈濟美國科斯塔梅薩聯絡處成立

一九九三　永松車禍往生

一九九六　自此，於揚州各地舉辦慈濟座談會
捐贈纖維胃鏡、洗腎機給揚州人民醫院及第四人民醫院

一九九八　中南美洲密契風災，李長科隨慈濟賑災團赴多明尼加發放
捐贈救護車給揚州人民醫院、洗腎機給第四人民醫院

一九九九	捐贈揚州月塘鄉雙井村、陳集鄉丁橋村和云橋村挖井經費，捐贈雙井小學課桌椅
二〇〇〇	在揚州漢河鎮設置獎助學金，幫助清貧孤兒 捐贈救護車給揚州市中醫院、鑑真醫院，捐贈纖維胃鏡給漢河鎮衛生院
二〇〇一	九一一事件後，美國海軍陸戰隊受李長科愛國情操感動，同意他贊助午餐，以圓滿心願 隨慈濟賑災團至大陸瀋陽冬令發放
二〇〇二	援建揚州儀徵敬老院宿舍
二〇〇三	李素清接任慈濟橙縣聯絡處負責人 捐助中國大陸白血病婦人
二〇〇五	李素清卸下負責人職務後，依舊陪伴師兄師姊一同推動慈濟會務，投入環保、會所值勤工作

二〇〇七　李素清的母親往生

二〇〇八　濟助四川大地震受災學生

二〇一三　提供揚州住宅予慈濟活動使用

她從海南嫁到臺灣……
他車禍命危，她堅持一定要救；
他變成植物人，她努力將他喚醒；
他腦傷嚴重、十多年來狀況百出，
她像牽著孩子，陪著他一步一步慢慢走……

牽你的手　慢慢走

作者／陳美羿
書系／水月系列004
開本／15*21cm
頁數／281頁
定價／250元

因爲堅持，所以不放棄；
因爲不放棄，所以能爲孩子營造更多幸福未來。
慈濟教育志業執行長蔡炳坤始終相信，
走過泥濘，必然留下深刻足跡！

我始終相信　教育的力量

作者／蔡炳坤
書系／水月系列005
開本／15*21cm
頁數／303頁
定價／250元

請洽全臺靜思書軒、靜思小築
慈濟人文喜閱書苑 https://store.tzuchiculture.org.tw/

傳家系列 0 0 2

長日清風 李長科和李素清的寬廣人生

作　　　者／李長科、李素清
撰 文 整 理／趙琴、林綺芬
參 考 資 料／《天清水長——李長科、李素清　人生好風光》
照 片 提 供／陳麗琍、美國慈濟橙縣聯絡處、花蓮慈濟本會

創　辦　人／釋證嚴
發　行　人／王端正
總　編　輯／王慧萍
主　　　編／陳玫君
特 約 編 輯／吟詩賦
編　　　輯／涂慶鐘
校 對 志 工／張勝美
美 術 設 計／洪季伶

出　版　者／慈濟傳播人文志業基金會
　　　　　　慈濟期刊部
地　　　址／11259 臺北市北投區立德路 2 號
編輯部電話／02-28989000 分機 2065
客 服 專 線／02-28989991
傳 真 專 線／02-28989993
劃 撥 帳 號／19924552　　戶名／經典雜誌
製 版 印 刷／新豪華製版印刷股份有限公司
出 版 日 期／2018 年 3 月初版一刷
定　　　價／新臺幣 250 元

國家圖書館出版品預行編目 (CIP) 資料

長日清風：李長科和李素清的寬廣人生 /
李長科、李素清作 . -- 初版 . --
臺北市：慈濟傳播人文志業基金會 , 2018.03
316 面 ; 15×21 公分 . -- (傳家系列 ; 2)
ISBN 978-986-5726-53-9 (平裝)
1. 李長科　2. 李素清　3. 傳記　4. 中國
782.187　　　　107004432